MW01625536

Colección
EMPRENDIMIENTO
Y CRECIMIENTO PERSONAL

Pan House
Casa Editorial

Editorial PanHouse
www.editorialpanhouse.com

Edición general:
Jonathan Somoza
Gerencia general:
Paola Morales
Gerencia editorial:
Barbara Carballo
Coordinación editorial:
Daniel Valente
Edición de estilo:
Enaidys Gómez
Corrección editorial:
María Gutiérrez
Corrección ortotipográfica:
Francis Machado
Fotografía de portada:
Anny Castillo
@planostudios
Diseño, portada y diagramación
Audra Ramones

ISBN: 978-980-437-217-9
Depósito legal: DC2023000298

PATRICIA WERNER

GUERRA EN EL CIELO

PanHouse

ÍNDICE

No hay nada más íntimo que escribir,
que desnudar tus sentimientos a través del pincel
y así sentir que transformas y sanas gran parte de ti.
Eso es lo que hace Patricia en este libro,
desnuda su ser para dar espacio al entendimiento
y la reflexión. Si aún no lees nada del libro,
te recomiendo que viajes a través de estas letras
que sin duda alguna harán que toda tu piel se erice y,
sobre todo, que tengas un gran despertar.

Laura Chimaras

Actriz, escritora y conferencista venezolana

DEDICATORIA

A veces no es fácil mirar hacia atrás sin llorar, como tampoco lo es quitarse la mordaza que mantiene al pasado en silencio. Estas páginas están dedicadas a todos aquellos que aún lloran y que aún callan.

Y si de algún modo mis acciones, mi falta de ellas o, peor aún, mi silencio te hicieron daño, entonces este libro también está dedicado a ti.

AGRADECIMIENTOS

A Dios por haberme dado una historia para contar.

A mí por aguantar la paliza, por decidir seguir viviendo y por atreverme a escribir este libro a pesar del miedo.

A mi mamá por siempre estar aquí para mí y ser mi mayor soporte en la vida.

A todos aquellos que me animaron a escribir este libro y me apoyaron en el camino, entre los cuales no puedo dejar de mencionar a mis hijos y a su padre, a mi prima Nella y a mis amigas María Laura, Andrea, Altair, Maritza y por supuesto a Lyz, ella sabe por qué.

A Anny por captar la esencia del libro y plasmarla en la foto de la portada.

A Viky y Ornella por hacerme lucir como una guerrera de la vida real.

A Tony Robbins, aunque quizás jamás se entere de este agradecimiento, me gustaría que supiera que fue él, durante el *Dicken Process* en UPW virtual 2022, quien me hizo ver que este libro tenía que nacer...

A mi casa editorial PanHouse y a todo su equipo por creer en mí, especialmente a Daniel Valente por su invaluable apoyo y comprensión durante el proceso.

Y, finalmente, a quienes intentaron dañarme y no pudieron. Solo me queda darles las gracias por llevarme un rato de paseo al infierno y por ayudarme a descubrir que mi lugar está en el cielo...

SOBRE LA AUTORA

Patricia Werner, nacida en Caracas, Venezuela, se graduó en *marketing*, mención comercialización. En el año 2002 emigró a los Estados Unidos en donde se convirtió en «una inmigrante más» hasta que eventualmente descubrió que su pasión era cambiar vidas. Actualmente se dedica a motivar e inspirar a otros para lo cual combina su preparación profesional con su historia personal.

Life coach de profesión y comunicadora por vocación, Patricia ha tenido un gran recorrido por diferentes medios de comunicación, televisión y radio, habiendo colaborado con cadenas como Estrella TV Dallas y Univisión 23 en las ciudades de Dallas y Miami, también ha participado activamente en programas como Noticias 23 Primera Edición, Noticias 23 Edición Digital, El News Café y El Free-Guey Show.

Aparte de dedicarse a dar charlas, talleres y conferencias de crecimiento personal, también es creadora de un programa de mentoría para emprendedores a través del cual les ayuda a fortalecer su autoestima, cambiar su mentalidad, comunicar efectivamente su mensaje e incrementar sus ventas.

PRÓLOGO

Recuerdo tener 12 años cuando leí la historia del capitán Monroe, específicamente cuando estaba en una tormenta atravesando el océano Pacífico, donde las olas medían 30 metros de alto, había vientos huracanados, rayos y centellas. Prácticamente nada se veía más allá de 10 metros de distancia y todos los marineros y suboficiales tenían cara de terror; sin embargo, Monroe tenía una cara de tranquilidad inexplicable. El barco se movía de manera peligrosa, después de surfear cada ola había una sensación de hundimiento.

Cuando habían transcurrido unas tres horas de la tormenta hubo una ola gigante que chocó poderosamente contra el barco y a partir de ese momento se empezó a escuchar en el interior del barco un sonido estrepitoso, un «boom». Una nueva ola y luego otro «boom». Fue en ese momento para sorpresa de toda la tripulación cuando Monroe, con una voz de nerviosismo y a la vez de determinación, le dijo al primer oficial que tomara el timón. Inmediatamente le dijo a seis marineros que lo siguieran y abrió la compuerta para descender dentro de la embarcación.

«Boom... boom», el sonido seguía siendo cada vez más fuerte y Monroe junto a los marineros buscaban de dónde provenía el sonido en cada una de las recámaras dentro del galeón, hasta que al abrir la puerta en donde estaban los cañones de artillería se dieron cuenta que uno de ellos se había soltado de sus amarres. Fue en ese momento cuando el Capitán gritó: «Corran,, agarren el cañón, llévenlo a su puesto y háganle un doble nudo para asegurarlo». Luego de haber asegurado el cañón, los marineros se dieron cuenta de que Monroe volvió nuevamente a su estado de tranquilidad y serenidad en medio de la misma tormenta. Mientras que iban subiendo por las escaleras uno de los marineros le dijo: «Mi Capitán, permiso para hacerle una pregunta». Monroe le contestó: «Dígame, marinero».

El marinero le pregunto: «Mi Capitán, ¿por qué en medio de esta tormenta en la que tenemos olas de 30 metros, vientos huracanados, rayos y centellas, usted ha mantenido la calma y solo fue cuando escuchó un ruido en el interior de la embarcación que comenzó a preocuparse?».

Monroe vio al marinero y se dio cuenta que los otros cinco también estaban esperando la respuesta. En ese momento se detuvo en medio del quinto escalón, se volteó y contestándoles a todos dijo: «Yo vi como construyeron esta embarcación cuando apenas era un cadete de seis años; fue a las orillas de la Academia de Marina. Cada pieza está estrictamente comprimida y adherida a la siguiente, manteniendo una superficie sólida que impide la entrada de agua a la embarcación. Este barco está diseñado para resistir todos los embates que la naturaleza le dé como desafío; sin embargo, jamás fue construida para soportar golpes desde adentro».

Hubo silencio entre los marineros y a la vez una sensación de alivio generalizada. Luego, sin decir una sola palabra subieron nuevamente hasta la cubierta en donde Monroe tomó nuevamente el timón. Entonces él y los marineros mantuvieron una cara de calma hasta que la tormenta terminó horas después.

Patricia en este maravilloso libro, de una manera mágica y sencilla, demuestra como la resiliencia va más allá de ser una palabra de moda; cada vez más hay personas mencionándola en seminarios de motivación, *podcast* o libros: «Tienes que ser resiliente». No obstante, ella, a través de sus letras, te enseña el cómo.

Te invito a que leas este libro como si fuera una receta de comida, tienes dos opciones: leer la receta acostado en tu cama, pensando en que algún día prepararás esa deliciosa comida, o de la manera más inteligente, en tu cocina siguiendo las instrucciones hasta que termines comiendo algo que deleitará tu paladar.

Cuando eres pequeño, uno de los desafíos que pocas veces recordamos es controlar esfínteres, esa es la razón por la cual usamos pañales hasta que aprendemos cómo hacerlo, así podemos ir al baño con normalidad y dejar los pañales. Era un desafío amarrarnos las trenzas hasta que adquirimos la destreza suficiente para hacerlo y luego se convierte en algo normal. Por falta de habilidad motriz te enseñan cómo cepillarte los dientes tomando tu mano y guiándola hasta que puedes hacerlo por tu cuenta.

Si piensas que el mensaje de este libro es un deporte y comienzas a practicarlo para desarrollar cada una de las habilidades que te describe, créeme que te convertirás en una persona muy diferente a la que eres.

Juan Antonio Pérez.

Licensed Master Trainer of NLP.

Miembro de staff del Dr. Richard Bandler

INTRODUCCIÓN

Te voy a contar un poco acerca de un gran sueño que siempre tuve. De niña soñaba con ser Miss Venezuela. Me veía desfilando con mi traje largo lleno de brillos, radiante como toda una reina y con la corona sobre mi cabeza, hasta podía sentir los nervios de saber que iría al Miss Universo y competiría con otras mujeres por la corona mayor.

Me encantaba fantasear con esa idea. A veces vaciaba las gavetas, las volteaba y las agarraba por el asa pretendiendo que eran mis maletas para viajar por el mundo como toda una reina. También solía practicar mi caminata por la pasarela a lo largo de la habitación y ensayaba mi saludo frente al espejo y, bueno, ya que me estoy sincerando, debo confesar que de vez en cuando me robaba el papel de aluminio de la despensa para hacerme una corona.

Cada año, cuando una nueva chica ganaba el concurso yo la imitaba, quería ser como ella. Para mí no era un simple sueño. En mi mente todo era completamente real. En ese momento no lo sabía, pero lo que estaba haciendo era visualizar mi futuro.

La gente decía que yo era muy bonita y que de adulta lo sería aún más, así que seguramente lograría entrar al concurso. Después de todo era un certamen de belleza, así que lo principal ya lo tenía, pero además era una niña muy inteligente y siempre me destacaba en la escuela por mis buenas calificaciones, así que parecía tener todo lo necesario para que cuando creciera pudiera llegar a representar a mi país en tan prestigioso certamen.

Supongo que te estarás preguntando si lo logré; lamento decirte que no. Con el tiempo empecé a escuchar que para participar en el concurso había que tener dinero. Allí apareció la primera limitación y la idea comenzó a difuminarse en mi mente, sin embargo, todavía había esperanza, la cual desapareció tiempo después, cuando alcancé mi altura máxima de tan solo 1,63 metros, es decir, mi estatura jamás me permitiría ser reina de belleza y, para colmo, también tenía sobrepeso.

Quizá la falta de dinero no sería un problema demasiado serio, porque sé que mi mamá hubiese hecho lo imposible por conseguirlo, como tantas otras veces lo hizo, y es que definitivamente los seres humanos tenemos la capacidad de lograr lo que nos proponemos, siempre y cuando dependa de nosotros hacerlo, y mi mamá siempre fue un ejemplo de ello.

Mi peso, pues, podía cambiar con dieta y ejercicios, pero la estatura alta era un requisito obligatorio para participar en el Miss Venezuela y eso sí que era algo que estaba totalmente fuera de mi control. Era obvio que no lo iba a lograr.

La esperanza de ser reina de belleza volvió a aparecer con un concurso de una marca de cosméticos bastante reconocida a nivel internacional. Afortunadamente para mí no había restricciones de peso ni de estatura, ya que lo único que importaba era el rostro.

Sin lugar a duda, era mi oportunidad, así que fui por ello convencida de que esta vez sí lo conseguiría, aunque no fue así. Había que ser mayor de edad para participar y yo solo tenía dieciséis años. «Vuelve en un par de años», me dijeron, pero el concurso no tuvo éxito y terminaron por cancelarlo.

Para ser sincera, no llegar a ser reina de belleza no fue una gran desilusión en mi vida. Créeme que he tenido otras mucho peores. Pero me pareció el ejemplo perfecto de cómo a veces queremos cumplir sueños imposibles de alcanzar y no precisamente porque no hacemos lo suficiente, sino porque simplemente no nos corresponde lograrlos.

Digamos que, en este punto en el que estoy de mi vida, creo que lo que no es para ti, ni que te pongas, y lo que es para ti, ni que te quites, así de sencillo; y si de opiniones se trata, la mía es que el problema no está en no llegar a cumplir nuestros sueños, como tampoco está en no intentarlo. El verdadero problema está en que, si no estamos claros acerca de cuál es nuestro propósito de vida y, además, no estamos suficientemente fuertes en nuestro interior, sentiremos que fracasamos y terminaremos por perder la confianza en nosotros mismos. Eso fue exactamente lo que sucedió conmigo, que de tanto no lograr nada, terminé por sentir que lo perdía todo.

Cuando perdemos la confianza en nosotros mismos nos sentimos incapaces de lograr absolutamente nada, así que terminamos por encerrarnos en una burbuja de miseria emocional en la cual no intentamos nada nuevo para mantenernos a salvo y así estar protegidos del fracaso.

Esa es una medida instintiva de nuestra mente inconsciente para evitarnos pasar por el dolor de fallar de nuevo. Es así como, sin darnos cuenta, caemos en la trampa de la tan nombrada zona de confort, la cual, más que una forma de vivir, es una forma de morir, porque en ella no hay crecimiento, y lo que no crece, muere.

Fue así, viviendo en esa burbuja de dolor emocional por casi tres décadas, que llegué no solo a desear, sino a planear mi propia muerte. «Si me pasa a mí, les pasa a otros», eso es lo que actualmente pienso, y fue exactamente ese pensamiento el que me llevó a escribir este libro, pero no siempre fue así.

Por muchos años creí que yo era diferente del resto de la humanidad, que yo era el único ser sobre la tierra que vivía en una continua agonía emocional y en un constante y terrible sufrimiento. Veía cómo otras personas eran felices, exitosas, eran amadas, admiradas, tenían amigos, buenos matrimonios, hijos extraordinarios, hogares perfectos, en fin, tenían vidas maravillosas, mientras que la mía era oscura, vacía y dolorosa.

Fueron muchos años de estar en guerra conmigo misma y con el mundo. Fueron demasiados años de supervivencia, porque la verdad es que eso no es vivir y si lo es, es vivir en el infierno.

No sé si afortunada o desafortunadamente hoy en día hay mucha información de autoayuda a nuestra disposición, y digo que no sé qué tan bueno sea porque la industria del crecimiento personal, si bien es cierto, ha ayudado a millones de personas en diferentes aspectos de sus vidas, también está haciendo mucho daño al enviar un mensaje peligroso, cargado de positivismo tóxico y sobre empoderamiento humano que se pone cada vez más de moda.

Y es que ahora pareciera que con tan solo repetir afirmaciones poderosas, hacer decretos con fe, buscarle el lado positivo a todo, aplicar correctamente ciertas técnicas de psicología, numerología, constelaciones familiares, física cuántica y saber manipular a nuestro favor ciertas leyes universales, todos podemos convertir lo imposible en posible, es decir, todos podemos alcanzar lo que nos proponemos, y si no lo hacemos es porque somos medio tontos (o tontos y medio) y no supimos hacer lo que los verdaderos ganadores, lo que los verdaderos líderes, sí hicieron. Esa es la razón por cual ellos obtuvieron los resultados que nosotros deseábamos y se convirtieron en ganadores y nosotros en perdedores.

Lamentablemente, hemos convertido la vida en una competencia, en la cual el propósito de nuestra existencia es ganar el premio, el trofeo, o la corona mayor. No nos damos cuenta, pero continuamente nos están vendiendo que somos capaces de lograr todo lo que nos proponemos, lo cual es absolutamente falso. Lo que sí es verdadero es que esa idea es tan poderosamente atractiva que a diario la estamos consumiendo y a la vez estamos siendo consumidos por esa mentira que desesperadamente queremos convertir en realidad, para lograr obtener nuestro primer lugar en un mundo liderado por ganadores.

Frases como: «si pasa por tu mente, pasa por tu vida», «pide y se te dará», «visualiza y lo lograrás» son las que, si bien son realmente poderosas y en ocasiones pueden motivarnos e impulsarnos a mejorar y a crecer, también pueden llevarnos a sufrir fuertes desilusiones que, si no son bien gestionadas, y si de paso se graban en nuestra mente, terminarán por ser las creencias limitantes que conducirán nuestra vida en modo piloto automático y terminarán por generar en nosotros una realidad de vacío y frustración o, peor aún, llegarán a convencernos de que hay algo muy mal en nosotros y que nuestra vida es un desperdicio.

Esas fueron solo algunas de las creencias que condujeron mi vida en automático por más de treinta años, y con propiedad te digo que esa percepción sobre uno mismo sí que es un verdadero problema, porque eso es precisamente lo que nos lleva a vivir en una constante guerra que nace en nuestro interior y termina por manifestarse en el exterior.

Por desgracia, como humanidad estamos jugando el juego perverso de «dime tus logros y te diré cuánto vales». Esa es la razón por la cual hay tantas personas frustradas que, sin haber muerto ni haber pasado por el juicio final, están viviendo en el infierno.

Mi intención aquí no es desmotivarte al decirte que no vas a poder lograr lo que te propongas, eso es algo que yo no sé y tampoco puedo predecir. El hecho de que lo hagas o no dependerá de muchas cosas, mayormente del espacio personal en el que te encuentres cuando fijes tus metas, es decir, si estás en guerra o en paz contigo y con el mundo.

Lo que sí te digo con total responsabilidad es que, si tus propósitos están alineados con tu misión de vida, te aseguro que si tomas acción masiva, inevitablemente lo lograrás, porque dentro de ti habita todo lo que necesitas para hacerlo, pero también es importante que comprendas que, a pesar de nuestro potencial ilimitado, como seres humanos tenemos ciertas limitaciones, no todas ellas vencibles.

Esa dualidad entre lo posible y lo imposible es lo que hace de esta experiencia de vida un misterio que iremos descubriendo a lo largo de este camino que a partir de este momento recorreremos juntos. Solo ten paciencia, pero por ahora quiero recordarte que tú no eres tus limitaciones, así como tampoco eres tus fracasos, lo que tú realmente eres va mucho más allá de lo que te imaginas y esa es la razón por la cual nada, absolutamente nada en esta vida, puede afectar tu valor.

Como puedes ver, este no es un libro más de autoayuda, tampoco de crecimiento personal basado en pensamiento positivo ni en la ley de la atracción. Este libro no es un manual que te dirá paso a paso cómo alcanzar el éxito y mucho menos es una guía de espiritualidad que te enseñará poderosos rituales de conexión con «el más allá» para llevarte a donde deseas.

Sí, sí te hablaré de la importancia de tener una actitud positiva, pero no lo haré desde una perspectiva que te obligue a buscarle el lado bueno a todo lo que te ocurra. También te contaré cómo tu mente y tus pensamientos juegan un papel fundamental en los resultados que estás obteniendo, y me refiero a todo lo que estás experimentando en tu vida, tanto lo bueno, como lo malo, pero no lo haré de una forma que te haga sentir que no sabes aplicar las técnicas de desarrollo personal que ya has venido intentando sin éxito.

Y sí, definitivamente te hablaré de espiritualidad, aunque no lo haré bajo la premisa de que hay un Dios todopoderoso que te juzga, te premia o te castiga según tu comportamiento en la tierra y que al final de tus días te llevará al cielo o te enviará al infierno. Mi intención aquí no es juzgarte, criticarte ni mucho menos cambiar tus creencias religiosas, eso es algo que tú mismo te irás cuestionando a largo del camino al preguntarte si dichas creencias te acercan o te alejan de la vida que quieres, entonces tú tomarás tu decisión y yo ni siquiera me enteraré.

Dos de los grandes protagonistas de este libro serán el cielo y el infierno, pero no me referiré a ellos como los lugares a los que irás cuando mueras, sino como los estados mentales y emocionales en los que vives mientras estás aquí en la tierra.

Te vas a dar cuenta de que tu paso por la vida no es casual y que tu maravillosa existencia tiene un propósito que debes cumplir si realmente deseas alcanzar el éxito y la felicidad. Vas a descubrir el verdadero significado de estar en este plano como ser humano, con todo lo bueno y lo malo que ello implica.

Este libro es un camino de autodescubrimiento y autoconocimiento con el cual entenderás cómo creas tu realidad momento a momento y cómo tu experiencia de vida es creada de adentro hacia afuera. Y créeme que con ese entendimiento aparecerá la paz y con ella la transformación.

Aquí aclararemos varios de los malentendidos con los que has estado coexistiendo a lo largo de tu vida, muchos de ellos desde tu nacimiento, y verás por ti mismo cómo no vale la pena mantenerlos dentro de tu mapa mental. Lo mejor de todo es que la transformación se dará en ti de forma orgánica, sin tener que llevar a cabo largas y pesadas tareas de revivir el dolor del pasado.

Estas páginas que estás por leer serán un despertar que inevitablemente te conectará con la magia de vivir la experiencia humana y de disfrutarla al máximo en toda su extensión.

Aquí obtendrás respuesta a todas esas preguntas que te estás haciendo y que sé que no te atreves a pronunciar en voz alta:

- ¿Quién soy?
- ¿Por qué soy como soy?
- ¿Por qué pienso lo que pienso?
- ¿Por qué siento lo que siento?
- ¿Por qué hago lo que hago?

A lo largo de estas páginas encontrarás muchas explicaciones y vas a descubrir ese universo maravilloso que habita en tu ser y que es el mismo que sostiene tu existencia.

En este recorrido te voy a contar muchas cosas que no sabes sobre ti, como, por ejemplo, cuál es tu lugar en la creación, porque cuando entiendas que lo que conoces como realidad es un proceso que se lleva a cabo dentro de ti y que se manifiesta afuera como tu realidad personal, comprenderás lo que implica tu presencia en la tierra, y con ese nuevo entendimiento podrás emprender un nuevo camino que acabe con la guerra interna en la que vives, porque solo hasta que entiendas que tú eres el cielo, llegará a ti la paz que te saque del infierno.

I

EL INFIERNO

Cuando el infierno son los otros,
el paraíso no es uno mismo...
Mario Benedetti

LA PRIMERA PAILA: EL ABANDONO

Dicen que la mayoría de las personas no tienen recuerdos antes de los cuatro o cinco años. Es lo que se conoce como «amnesia infantil», sin embargo, a pesar de tener dos años de edad, lo recuerdo con bastante claridad. Mi papá regresaba de un viaje, ya era tarde y yo estaba dormida cuando él llegó con dos muñecas de trapo para mí. Eran grandes y hermosas. Una era rubia y la otra, morena, venían envueltas en papel celofán transparente con un lazo blanco. De tan solo verlas me enamoré de ellas y las llamé Caterina y Anastasia.

Todo era perfecto en ese momento. Mi papá había regresado, mi mamá estaba contenta y yo los tenía a ellos y a mis muñecas nuevas. Esa sensación de tibieza en mi pecho se sentía delicioso. Sin saberlo, estaba teniendo mi primer encuentro frente a frente con la felicidad.

En otra ocasión, también estaba dormida cuando de pronto unas risas me despertaron. Eran mi mamá y mi papá parados al borde de mi cama. Al abrir los ojos me di cuenta de que me miraban con una ternura especial. Verlos otra vez juntos me hizo muy feliz.

Esa mañana salimos a hacer una diligencia. Yo estaba contenta, porque estábamos los tres de nuevo. Entramos a un edificio de oficinas con varios escritorios y escuché cuando una de las empleadas le dijo a la otra: «No debieron traer a la niña», refiriéndose a mí.

Poco a poco, y sin entender por qué, mi felicidad iba cambiando por tristeza y el terrible miedo de no volver a ver a mi papá. En ese momento yo no sabía lo que estaba ocurriendo, pero cuando salimos del edificio sentí que estaba perdiendo algo importante para mí. Lloraba y gritaba: «Papá, papá, no te vayas», mientras él con cara de tristeza se alejaba. Yo tenía tan solo tres años y, aunque no lo sabía, estaba teniendo mi primer encuentro frente a frente con el dolor.

Días después me enteré de que la diligencia que fuimos a hacer en ese edificio fue el trámite del divorcio de mis padres. No entendía muy bien lo que eso significaba, pero sin lugar a duda se sentía feo. Quizá esa era la explicación de por qué ya no vivíamos los tres juntos.

Una noche, mi papá me llevó de vuelta a casa luego de un día de paseo. No sé lo que pasó, pero mi mamá comenzó a discutir con él y a gritarle cosas horribles, no entendía por qué peleaban si ya no estaban juntos, yo solo lloraba y la cara de mi papá al despedirse me hizo revivir el miedo de no volverlo a ver.

No salía mucho con mi papá. Creo que solo lo hacíamos una vez al año para asistir a la fiesta decembrina de su trabajo, donde me daban juguetes como regalo de Navidad. Por ser una niña era muy feliz con los obsequios, aunque para mí el mayor de todos era estar con mi papá. Sin embargo, cada vez que la fiesta acababa y papá me llevaba de vuelta a casa, me preguntaba si sería la última vez que lo vería. Vivía atrapada entre la increíble emoción de volver a verlo y el terrible miedo de perderlo.

Cada salida con él era especial. No hacíamos gran cosa, escuchábamos música clásica y veíamos películas de Bruce Lee o de Chuck Norris, cosas bastante aburridas para una niña, pero para mí eran lo máximo por el solo hecho de estar con él. Algo que hacíamos siempre era que me sentaba en sus piernas mientras escuchábamos *Las cuatro estaciones* de Vivaldi, entonces yo agarraba su peine negro de bolsillo y peinaba su bigote; me fascinaba hacerlo y a él le encantaba.

Esto es algo que nunca había dicho, pero realmente amaba a mi padre. Las cosas entre nosotros se fueron enfriando cada vez más y con el tiempo mi papá se convirtió en un padre intermitente, pasaban años sin vernos y sin hablarnos. De vez en cuando alguien de la familia propiciaba un encuentro y yo lograba verlo al menos un día. Cada vez que lo veía nacía en mí la esperanza de que esa vez lo dejara con ganas de volver a verme.

Solo Dios sabe cuánto rogué que mi papá me amara y quisiera estar conmigo, pero el miedo a perderlo siempre fue mucho mayor que la esperanza de tenerlo. Y terminé teniendo la razón. La relación entre mi papá y yo desapareció. Él dejó de ser un padre intermitente y se convirtió en uno ausente. Su abandono, aunque fue progresivo, fue mi primer encuentro cara a cara con la depresión.

LA SEGUNDA PAILA: EL JUEGO

A raíz del divorcio de mis padres, mi mamá y yo nos fuimos a vivir con mi tía y mis primos a un apartamento que quedaba muy cerca del nuestro. No tengo muchos recuerdos de esa etapa de mi vida, a excepción de un par de incidentes que, sin yo saberlo, determinarían lo que sería mi vida por los próximos treinta años. El primero de ellos fue el que me abrió la puerta al infierno.

Tenía alrededor de cinco años cuando un día uno de mis primos con los que vivía me invitó por primera vez a su habitación a jugar. El juego consistía en tocar nuestras partes íntimas, él me tocaba a mí y yo debía tocarlo a él. Él parecía disfrutar muchísimo del juego, pero a mí me resultaba repugnante, sin embargo, no logré escaparme.

El juego se ponía cada vez peor y se volvía más y más asqueroso para mí, ya que mi primo me obligaba a hacer cosas que no me gustaban, cosas que se me hacían asquerosas, incluyendo las que le hacía a él con mi boca y que terminaban por hacerme vomitar.

También me hacía cosas que me dolían. Recuerdo que una vez grité de dolor por lo que él estaba intentando hacer al meter su dedo por debajo de mi falda. Esa vez mi mamá se asomó al cuarto para ver por qué yo había gritado, pero mi primo respondió que me dolía el estómago, seguramente porque había vomitado el día anterior. Mi mamá me dijo que me llevaría al médico, pero yo le dije que no era necesario. Ella no lo sabía, pero ese dolor no me lo iba a quitar ningún doctor.

Quise contarle mil veces a mi mamá lo que estaba ocurriendo con mi primo, aunque no me atrevía, porque no quería que se pusiera brava conmigo. Porque, ¿qué pensaría de mí si supiera que yo estaba haciendo esas cosas tan feas? No podía arriesgarme, ella era la única que me quería y no podía perderla.

Siempre le decía a mi primo que ya no quería jugar más. Incluso a veces en medio del juego me ponía brava, le pedía que se detuviera y lo amenazaba diciéndole que gritaría y se lo diría a mi mamá, pero él me convencía de que ella no me creería.

Sé que es fácil creer que un niño que pase por abuso sexual lo manifestará de alguna manera, pero nada más lejos de la realidad. No sé si era porque estaba muy pequeña todavía como para entender lo que me estaba ocurriendo, pero nada en mí cambió, al menos exteriormente. Yo dormía igual, comía igual, jugaba igual, sin embargo, no puedo negar que en mi interior era una niña triste e insegura que se sentía rota y asquerosa.

Mi mamá era una mujer muy joven, tenía tan solo veintitrés o veinticuatro años cuando se divorció, así que mis tías le decían que debía salir a conocer gente. Aunque no lo hacía mucho, las pocas veces que salió fueron una pesadilla para mí. Mi primo, por supuesto, le decía que se fuera tranquila porque él me cuidaría y mi mami, confiada de que yo estaba en buenas manos, se iba tranquila.

Cada vez que mi mamá salía de noche yo sufría, me daban ataques de llanto incontrolables que nadie comprendía.

Claro, nadie sabía que lo que para mi mamá era una noche de diversión, para mí sería una pesadilla.

Recuerdo cómo con tan solo escuchar que mi mamá tenía una invitación mi corazón se aceleraba, mi pecho me dolía, mi respiración se entrecortaba y mis manos sudaban. Eso sí que no podía disimularlo, no sabía cómo. Cuando me veían así me decían que era una egoísta por no querer que mi mamá saliera y, para colmo, al día siguiente cuando ella preguntaba cómo me había portado, le decían que me había portado mal, le contaban de mis ataques de llanto, así que, además de abusada, también terminaba regañada.

Nadie lo supo nunca, ni siquiera ella, pero yo sentía mucho miedo de que algo malo le pasara, porque ante la ausencia de mi papá, si ella faltaba, la única opción lógica sería quedarme allí en casa de mi tía, entonces tendría que seguir jugando el juego infernal por quién sabe cuánto tiempo más.

Una noche que mi primo había salido, escuchamos un choque fortísimo en la avenida frente al edificio. No sé por qué justo después del estruendo alguien gritó el nombre de mi primo, como asegurando que había sido él el del accidente, ¿podría yo tener tanta suerte?

Es increíble cómo una niña pequeña puede llenarse de odio al punto de desearle la muerte a alguien. Es allí donde te das cuenta de que hasta el ángel más puro puede sentir rencor por aquel que sin piedad le hizo daño.

Salimos todos corriendo al balcón del apartamento desde donde se podía ver claramente el aparatoso accidente y sí, era el carro de mi primo, o al menos eso parecía. Mi tía daba gritos de terror mientras que yo silenciosamente le daba gracias a Dios. Mi otro primo bajó corriendo hasta la escena del choque. Unos minutos después regresó al apartamento con la terrible noticia: no había sido su hermano el del accidente.

Habría pasado quizá una hora cuando llegó mi primo y todos salieron felices a abrazarlo. Todos excepto yo, por lo cual obviamente salí regañada, pero no me importaba, al fin y al cabo, todos eran unos tontos que, además, estaban ciegos.

¿De verdad era tan difícil descubrir lo que él me hacía?, ¿nadie pensó que quizás existía una razón para que yo no me contentara de verlo?, ¿nadie pudo ni siquiera sospechar que algo raro ocurría? Me resultaba increíble ver cómo los adultos podían llegar a ser tan tontos.

Indiscutiblemente ese fue mi primer encuentro frente a frente con la idiotez humana.

LA TERCERA PAILA: EL EMBARAZO

Dicen que: «No es lo mismo llamar al demonio que verlo llegar» y tienen razón. Yo no lo llamé. Él simplemente llegó, y no precisamente sin avisar...

Yo tenía siete años cuando mi mamá me dio la noticia de su embarazo. Yo no entendía absolutamente nada. Es decir, ya para ese momento en el que mi inocencia había sido mutilada un par de años atrás, yo sabía la relación entre el sexo y la gestación, pero mi mamá no tenía esposo, ni siquiera tenía novio. Entonces, ¿cómo podría estar embarazada?

Mamá me dio la noticia llorando. De hecho, ella tenía ya varios días así, lo cual me tenía muy triste. Sin embargo, cuando me dijo que me iba a dar un hermanito me puse feliz. Al parecer, yo era la única en sentirse así. No cabe duda de que, a pesar de todo, aún me quedaba algo de inocencia al celebrar la llegada de un bebé «producto del pecado».

¿Quién es el papá? Gritaba mi tía una y otra vez mientras insultaba a mi mami. No sé por qué, pero cuando supe de quién se trataba no me sorprendí. Después de todo no era alguien ajeno a la casa, todo lo contrario, era alguien que frecuentaba a mi mamá, que parecía quererme mucho y que de alguna forma lograba llenar mi carencia de afecto paterno. No puedo decir que lo quería como a un papá, aunque de alguna manera era lo más parecido. En ese momento no sabía que se trataba del mismísimo demonio cuya maldad me llevaría de cabeza al infierno.

Al enterarse del embarazo de mi mamá, y luego de negar por unos días su paternidad, este hombre decidió que se haría cargo del bebé, sin embargo, no se casaría. El miedo me invadió cuando mi tía a gritos e insultos le dijo a mi mamá que en su casa no vivían mujerzuelas y que agarrara inmediatamente sus cosas y se fuera. Le dijo que por mí no se preocupara y que, como yo no tenía la culpa de nada, podía quedarme viviendo con ella, a lo cual obviamente mi mamá no accedió, gracias a Dios.

Yo estaba totalmente aturdida y confundida. No entendía esas cosas de adultos y me costaba comprender por qué había tanto problema por un embarazo. ¿Acaso tener un bebé no es siempre una buena noticia? Aparentemente no, ya que también escuché cuando otra de mis tías le ofreció dinero a mi mamá para que se hiciera un aborto. Confieso que me impactó terriblemente enterarme de que se podía matar a un bebé que ni siquiera había nacido.

En ese momento para mí los adultos, además de tontos, eran crueles.

Tras el embarazo de mi mamá mi vida cambió por completo. Fueron meses de vivir arrimadas en casa de otra de mis tías. Mi escuela quedaba lejos y nos tocaba despertarnos muy temprano para viajar trechos muy largos. Por otro lado, la familia estaba dividida entre los que apoyaron a mi mamá y los que le dieron la espalda. Para mi desgracia, los padres de mi prima favorita fueron de los que condenaron a mi mamá por su embarazo.

Eso de tener un hermanito ya era una total desgracia para mí. Por su culpa yo lo había perdido todo, incluso mis buenas calificaciones, lo cual, yo creía que era lo único que a mi mamá le gustaba de mí. Fuera de eso yo no era más que un estorbo, al menos así era como me sentía. Ella decía que ese bebé era su razón para salir adelante y que sería su gran orgullo.

¿Y yo?, entonces, ¿yo que era?

Siempre fui excelente estudiante, pero en ese momento algo pasaba y mis calificaciones eran bastante bajas, comparadas con las habituales. Juro por Dios que me esmeraba como siempre, aunque no lograba entender las clases y, por más que estudiaba, apenas alcanzaba aprobar las materias. Para hacerlo peor, la maestra me odiaba.

Por cierto, ella también estaba embarazada, tenía exactamente el mismo tiempo de embarazo que mi mamá.

Mi madre recibió algunas quejas referentes a mi comportamiento, pero no porque me portara mal, sino porque era una niña rara, que nunca jugaba y prefería estar sola. Siempre fui una niña tímida y tranquila, pero en ese momento me sentía mejor estando aislada. Odiaba al mundo. Por primera vez en mi vida deseé estar muerta.

Poco a poco las cosas se fueron arreglando, al menos para mi mamá. Ella había comenzado a trabajar y habíamos logrado rentar un apartamento. Ya para entonces mi hermana había nacido. Sí, aparte de que por su culpa lo perdí todo, también tuve que aguantar que no fuera varón, sino hembra.

Escuché que hubo complicaciones en el parto. De hecho, fue la primera vez que oí el término parto podálico, eso quiere decir que es un parto natural en el cual el feto no se coloca en posición y termina naciendo de pie. Tiende a ser bastante peligroso, ya que pone en riesgo la vida del bebé.

Cuando supe que mi hermana había nacido sin complicaciones casi muero de la rabia. Otra vez estaba el odio vivo dentro de mí y se afianzaba más y más cuando mi mamá, llena de orgullo, contaba cómo su nueva hija era toda una campeona.

Creo que nunca en mi vida había tenido tantos sentimientos encontrados como cuando fui a conocer a mi hermanita. No puedo negar que la odiaba con todo mi ser, pero tampoco puedo negar que, aunque me pareció bien fea, apenas la vi me enamoré perdidamente de ella. Con el tiempo, el odio le dio paso al amor más grande y protector que jamás hubiera sentido por alguien en mi vida.

LA CUARTA PAILA: EL VIAJE

Hay personas que definitivamente tienen la habilidad de mostrar una cara totalmente diferente a la verdadera, personas que logran esconder su maldad tras una máscara de amor y solidaridad a la que es imposible decirle que no. Son algo así como una mutación de la especie humana que, en vez de corazón, tienen daga; en vez de manos, tienen garras y es poco probable salir ilesos ante su falso y cruel abrazo.

En medio del caos que estábamos viviendo con el embarazo de mi mamá, yo quedé totalmente relegada de la vida de casi todos a mi alrededor. Nadie parecía recordar que yo también era parte de esa historia que no era precisamente de amor y que estaba a punto de convertirse para mí en una de terror.

Ya no tenía a mis vecinas del edificio con las cuales jugaba. Tampoco tenía amigos, debido al cambio de escuela. Mi papá simplemente no existía y mi mamá estaba realmente ocupada resolviendo otras cosas. ¿Y cómo culparla si a ella también le había cambiado la vida?

Ya en ese punto yo estaba realmente triste y, aunque lo disimulaba, pensaba: «¿Será que nadie piensa en mí?». Finalmente hubo alguien que me tomó en cuenta. Era él, el mismísimo diablo disfrazado de ángel quien, si bien no era un desconocido, no teníamos idea de que detrás de su disfraz de salvador se escondía el príncipe de las tinieblas, buscando otra alma inocente para llevarla al infierno. Esa alma sería la mía.

Dicen que el diablo es astuto, y vaya que lo es. El muy malvado creó un plan maravilloso para mí, un viaje al Amazonas venezolano que estaría lleno de diversión y aventura para distraerme de todo el caos que me había tocado vivir en los últimos meses.

Llegamos al Amazonas y todo parecía perfecto. El hotel, aunque rural y sencillo, era bastante pintoresco. Nos reunimos junto a otras familias con el guía turístico que estaba a cargo de nuestro grupo. Cenamos y nos fuimos a la habitación, entonces se acabó la diversión y con el anochecer llegó de nuevo el macabro juego del cual creí que había logrado escapar años atrás. Era el mismo juego, pero con un participante diferente. Para mi desgracia, las reglas también habían cambiado y estas nuevas eran mil veces peores que las anteriores.

Sé que parece imposible, pues, no logro recordar los detalles. Creo que el trauma fue tan fuerte que mi mente decidió borrar parte de la historia, pero sí recuerdo con claridad el miedo y el asco que viví durante esas terribles, oscuras e interminables noches.

Abuso tras abuso, noche tras noche, durante horas que parecían no transcurrir. Era como si el tiempo se detuviera en mi contra, dándole más espacio al demonio para jugar y saciar su sed de maldad.

Quería gritar, pedir ayuda, pero recordaba lo que me había dicho mi primo: «nadie te creerá». Así que solo callaba y trataba de distraerme mirando las lagartijas que caminaban a través de la ventana de la habitación mientras, al mismo tiempo, le rogaba a papá Dios que pronto amaneciera.

«¿Cuándo saldría el sol?», me preguntaba incesantemente. Sabía que si no nos presentábamos al desayuno con el grupo podría resultar sospechoso, así que solo el amanecer lograba salvarme de mi pesadilla, al menos por unas horas.

Ya para el tercer día estaba demacrada, ojerosa y sin apetito. En nuestro grupo había una familia con dos hijos, hembra y varón, ambos eran mayores, yo tenía ocho años y ellos tenían trece y quince años, así que no puedo decir que nos hicimos amigos.

Sin embargo, ese día se portaron extrañamente bien conmigo, se sentaron en la mesa junto a mí y hasta me invitaron a caminar con ellos. En medio de bastante rodeo, y obviamente con una curiosidad maliciosa, me preguntaron quién era el hombre con quien yo viajaba.

Inmediatamente intuí que sus padres los habían enviado a averiguar al respecto. Era la oportunidad que había estado esperando para librarme del diablo y escapar del infierno, pero volvió a mí el recuerdo de que «nadie me creería», así que mentí diciendo que era mi papá.

Ellos respondieron que no me creían, ya que habían notado que yo lo llamaba por su nombre, así que esta vez tenía que mentir mejor si quería que me creyeran. Me reí y dije que era una costumbre en mi familia que los niños llamaran a sus padres por sus nombres. Obviamente no me creyeron.

Regresamos a la mesa y ellos disimuladamente les contaron a sus padres sobre nuestra conversación. Recuerdo la cara de incredulidad de ambos. Aún me pregunto por qué no indagaron más, ¿por qué se conformaron con escuchar algo que obviamente era una mentira que ellos no creían?, ¿de verdad los adultos eran tan imbéciles?

Ellos quisieron confirmar lo que sus hijos les habían contado, así que me preguntaron de nuevo por qué si ese hombre era mi papá, yo lo llamaba por su nombre, pero lo hicieron delante de él, supongo que para poner la situación al descubierto. El miedo me invadió y volví a mentir diciendo que ninguna de mis primas de mi edad llamaba a sus padres papá.

—¿Verdad, papá? —pregunté.

Aun así, parece que mi respuesta no los satisfizo, así que comenzaron una especie de interrogatorio sobre por qué yo estaba tan inapetente y desencajada, a lo que el diablo respondió que estaba desvelada por culpa de las lagartijas que entraban a la habitación por debajo de la puerta y que, además, tenía un virus estomacal que me ocasionaba vómitos.

Dijeron que se les hacía raro, que a pesar de que pasábamos el día todos juntos no me habían visto vomitar ni una sola vez, a lo que yo ingenuamente respondí que solo vomitaba de noche.

Para que mi mentira fuera más creíble, aunque no tenía hambre, tuve que comer y al cabo de unos minutos le pedí a la hija de ellos que me acompañara al baño del hotel porque me sentía mal. Una vez adentro me provoqué el vómito para que ella escuchara.

Por mucho tiempo me pregunté, ¿por qué si todo era tan obvio nadie hacía nada por mí? Pero la pregunta que durante décadas me hice fue: ¿por qué nunca me atreví a pedir ayuda?, y peor aún, ¿por qué me volví su cómplice en un crimen contra mí misma?

Ese maldito viaje estuvo lleno de atardeceres que se apuraban y amaneceres que nunca llegaban. Con cada puesta de sol venía la súplica al cielo de que esa noche el diablo no quisiera jugar, pero Dios se había vuelto sordo ante mis ruegos. ¿Sería que Él tampoco me creía?

Con cada anochecer llegaba el miedo, o más bien, el terror de lo que sabía que viviría más tarde en la habitación. Cuando el sol desaparecía, mi corazón se aceleraba, mi respiración se entrecortaba, mis manos temblaban y el llanto me atacaba, tal y como cuando vivíamos con mi primo y mi mamá salía de noche.

Como nada de eso lograba disimularlo y mucho menos ocultarlo, lo justificaba ante el grupo diciendo que extrañaba mucho a mi mamá. Sin saberlo, todo lo que sentía era nada más y nada menos que mi primer encuentro frente a frente con lo que sería mi mayor compañía a lo largo de mi vida: la ansiedad.

Finalmente llegó el día de volver a casa, pero yo ni ganas tenía de estar feliz. Cuando mi mamá me preguntó qué tal había estado el viaje, le mentí diciéndole que había estado genial y que me había divertido mucho, incluso le mostré la lanza indígena que me había ganado en una rifa en la feria en el pueblo amazónico.

Esa lanza era el único recuerdo que quería conservar del viaje, y no porque me encantara, sino por lo que para mí representaba. Si Caterina y Anastasia, mis muñecas de la infancia, eran mi más bello recuerdo de amor, esa lanza era el patente recordatorio del odio.

Confieso que incluso llegué a preguntarle a mi mamá si con esa lanza se podía matar a alguien, a lo que ella respondió que no, porque la punta no era lo suficientemente afilada. «¿Podemos afilarla?», pregunté. Si a los vampiros se los mataba con una daga en el corazón, quizá solo era cuestión de enterrarle la lanza en el pecho al diablo.

Mi mamá nunca sospechó nada y yo nunca le di motivos para hacerlo. Cuando el diablo visitaba la casa yo actuaba como si nada.

A veces me daba uno que otro ataque de ansiedad, pero yo decía que se debían a la escuela, lo cual no era del todo falso, ya que mi presión por obtener siempre calificaciones perfectas era constante.

El tiempo pasaba y, aunque nadie lo notaba, yo cada vez me sentía más sucia y dañada. El hecho de estar en los preparativos de mi primera comunión lo empeoraba todo, porque me sentía como la María Magdalena de mi clase.

Los estudios se convirtieron en mi refugio, además de que mis excelentes calificaciones seguían siendo lo único con lo cual lograba obtener la atención de mi mamá. Tenía que ser perfecta para ser merecedora de amor. Ese fue mi primer encuentro frente a frente con el perfeccionismo.

Una vez, estando en quinto grado de primaria, la maestra nos hizo un examen sorpresa de lenguaje. Yo me confundí en la conjugación de los verbos pretérito y pospretérito y obtuve una calificación de 13 puntos. La calificación máxima era de 20 puntos, y era la única que mi mamá aceptaba. Un 19 venía acompañado de un: «Patricia, ¿qué pasó?». Un 18 venía con un regaño y probablemente un castigo, así que un 13 era total y absolutamente inaceptable.

Fue tanto el terror que sentí al obtener esa calificación, que sufrí un ataque de pánico y tuve que pedir permiso para ir al baño. Bajo ningún concepto mi mamá debía saber sobre ese examen, pero en la escuela nos exigían entregar los exámenes de vuelta a la maestra firmados por un representante.

Esta vez no tenía escapatoria, así que tomé una decisión, al llegar a casa actuaría normal, como si nada hubiese pasado, después de todo, ya era una experta en eso, pero luego de almorzar dejaría el examen sobre la mesa con una nota en la que se leería: «Perdóname, mami» y me lanzaría por el balcón. Sentí miedo mientras lo pensaba, aunque también tuve una sensación de alivio al saber que tras mi muerte ya nadie más podría hacerme daño. Desde antes había deseado morir, pero esta vez realmente quería hacerlo. Ese fue mi primer encuentro frente a frente con el suicidio.

Al subir del baño, me encontré con la buena noticia de que solo se trataba de una prueba diagnóstica, por lo que ni siquiera tendríamos que llevarla a casa. Además, la maestra me felicitó por haber sido la única de la clase que aprobó el examen. Sin embargo, mi mamá jamás sabría de mi 13.

LA QUINTA PAILA: LA COMUNIÓN

Siempre sentí un gran amor y devoción por Jesucristo. De hecho, cuando me enteré de que las monjas se casaban con Él, decidí que sería una de ellas. Mi amor por Jesús era inmenso, siempre llevaba colgada en mi cuello una cadena con una cruz y tenía una estampita con su imagen detrás de la puerta de mi cuarto. Así, al cerrarla, Él sería lo último que vería al acostarme y lo primero que vería al despertarme.

Al cabo de un tiempo tuve que quitarla, porque comencé a tener un sueño recurrente en donde Jesucristo se convertía en el diablo, salía de la estampita y me atacaba.

Pensé en contarle de esa pesadilla a la monja que nos preparaba para hacer la primera comunión, pero me daba miedo que descubriera mi secreto. Era mejor seguir callada, después de todo, solo se trataba de un mal sueño que, aunque se repetía y se repetía, algún día acabaría. Yo no podía correr el riesgo de que nada estropeara mi primera comunión. Me daba mucha ilusión recibir a Jesús en mi corazón. Ahora, además de la escuela, había logrado encontrar otro refugio: las clases de catecismo.

Con nosotras vivía una prima que había venido de otra ciudad. Ella era seis años mayor que yo, así que ella ya era adolescente. Fue la única persona a la que me atreví a contarle mi secreto, tanto lo que me había hecho nuestro primo, como lo que ocurrió en el viaje infernal. Ahí comenzó una nueva pesadilla. Ella me explicó que yo no podía hacer la primera comunión, porque yo ya no era pura. Uno de los requisitos para comulgar por primera vez era ser virgen y yo ya no lo era. ¡Qué difícil fue para mí enterarme de que todo aquello me había convertido en una sucia pecadora!

No entendía por qué no podía hacer mi primera comunión si nada de lo ocurrido había sido mi culpa, ¿o sí? Pero según lo que me explicaba mi prima, esa respuesta ya no importaba, porque ya nada ni nadie me podía quitar el asqueroso sucio que había en mí. Estaba dañada para siempre. Sin embargo, cada noche le pedía a Dios que me perdonara. Rezaba y rezaba hasta quedarme dormida, pidiéndole que por favor me limpiara y me librara de mi terrible pecado.

Poco a poco mi insomnio se fue haciendo peor. La idea de no poder hacer la primera comunión me despertaba continuamente de madrugada, así que aprovechaba mientras estaba despierta para rezar. Si Dios era realmente bueno y misericordioso, quizás podría llegar a perdonarme, pero si no, ¿cómo le diría a mi mamá que no habría comunión?, ¿qué explicación le daría?

Fueron meses terribles para mí. El miedo me inundaba y a veces me daban ataques de llanto incontrolables. En el salón me decían la Llorona. Mi maestra me preguntaba qué pasaba y yo le inventaba cualquier cosa, cualquier dolor, cualquier mentira, que ella al parecer terminaba creyendo, como todos los demás.

Ya para ese entonces, toda la familia se había reconciliado con mi mamá y yo había vuelto a tener contacto con mi prima favorita que era tan solo un año mayor que yo. Una noche que me quedé a dormir en su casa nos quedamos hablando hasta tarde y le conté que yo estaba por hacer mi primera comunión y que mi mamá no tenía dinero para comprarme el vestido. Ella abrió el clóset, sacó su traje y me dijo que me lo prestaba.

Yo estaba más feliz que nunca, sin embargo, el miedo de no poder comulgar por pecadora seguía acechándome. Sin entrar en detalle le pregunté qué pasaba si un pecador comulgaba. Fue cuando me explicó que, mediante la confesión, los pecados eran limpiados y perdonados. «¿Todos?», pregunté, y me dijo que sí, siempre y cuando el arrepentimiento fuera verdadero.

Yo seguía sin entender cuál era mi papel en todo aquello. No comprendía cómo era yo la pecadora, pero lo que sí comprendía era que ya estaba manchada para siempre. Sin embargo, al menos existía la posibilidad del perdón, así que quizá podría hacer mi primera comunión sin problemas.

Con respecto al arrepentimiento, también estaba confundida, ¿cómo podía arrepentirme de algo que no pasó por mi culpa? Pero si de algo estaba arrepentida, era de haber ido a ese viaje y quizá eso era suficiente para ser perdonada.

Todo estaba arreglado. En la confesión le explicaría al cura exactamente todo lo que pasó, cómo pasó y él, como el representante de Dios en la tierra, me comprendería y me perdonaría, pero ¿si no lo hacía? Debía ser muy inteligente al momento de hablar con el cura. Como eso era algo que yo no había hecho nunca, decidí preguntarle a mi prima mayor qué decir exactamente. Ella era la única que me podía ayudar, ya que era la única que sabía mi secreto.

Nunca olvidaré sus palabras, me dijo: «Tienes que decirle: padre, tuve algo con un hombre». Se me hizo bastante inapropiado decir algo así, pero si ella lo dijo, así debía ser. Enseguida llamé a mi otra prima, la que me había prestado el vestido, y le pedí que me dijera cómo iniciar exactamente la confesión, cosa que luego me enseñaron en catecismo, pero mis nervios eran tales que no podía esperar hasta esa clase. Mi prima me dijo:

—El padre dirá: «Ave María Purísima», y tú responderás: «Sin pecado concebida». Luego el padre te preguntará: «¿De qué te culpas?», y tú ahí le dices todos tus pecados, como: «Mentí, hice trampa en un examen, le hablé feo a mi mamá…».

Vaya pecados los de mi prima, no eran nada comparados con el mío.

Finalmente llegó el día de la confesión, los nervios me estaban matando. Llegado el momento todo ocurrió como me lo describió mi prima. Cuando el Padre me preguntó: «Hija, ¿de qué te culpas?», le respondí:

—Me culpo de ya no ser una niña pura, porque tuve algo con un hombre.

El cura, totalmente atónito ante lo que estaba escuchando, me hizo repetirlo de nuevo y así, sin preguntar ni indagar, me juzgó, me regañó y me mandó a una esquina de la iglesia a rezar lejos de los demás niños. Nunca escuchó el resto de mis pecados ni tampoco me dijo si había sido perdonada. La angustia era cada vez peor, porque al día siguiente era la comunión y yo seguía sin saber qué pasaría conmigo.

Salimos de la iglesia y decidí preguntarle a la monja qué sucedía si alguien comulgaba sin haber sido perdonado por sus pecados. Ella jamás adivinaría que se trataba de mí, ya que yo acababa de confesarme. Su respuesta fue que, a esa persona, al comulgar, se le pegaría la hostia al paladar y le saldría humo por la boca.

Esa noche no pude dormir, estaba aterrada. ¿Cómo iba a tragarme el humo? Finalmente amaneció y en cuestión de horas estaba en la iglesia. Mientras esperaba mi turno para comulgar sentía que colapsaba de los nervios, pero de pronto me encontré allí, viviendo lo que tanto había deseado. Estaba haciendo mi primera comunión y sin echar humo por la boca. ¡Había sido perdonada!, al menos por Dios. Sin embargo, el diablo aun me acechaba. De hecho, fue él quien pagó el salón en donde celebramos la gran fiesta de mi primera comunión.

II

LA GUERRA

Ni tu peor enemigo puede hacerte
tanto daño como tus propios pensamientos.
Buda

EL SILENCIO CALLA, PERO NO BORRA

Todos, en algún momento de nuestra vida, vivimos en guerra con nosotros mismos y en cierto punto lo hacemos también con el mundo. La razón es simple: todas las personas tenemos un pasado doloroso. Quizás algunas vivencias sean más perturbadoras que otras, pero todos tenemos algo que lamentar de nuestra historia, ya sea por algo que quisiéramos que no hubiese ocurrido o por algo que deseáramos que hubiese pasado de una forma diferente.

La verdad es que los seres humanos no tenemos que ser sometidos a situaciones demasiado fuertes o dolorosas para que se nos cree un trauma, de hecho, conozco personas que de niños han vivido circunstancias terribles, como ver a sus padres morir decapitados en un accidente automovilístico y lo superaron con relativa facilidad, sin embargo, la infidelidad de su pareja los marcó para siempre. Y es que así somos, tan simples como complicados, especialmente en lo que a nuestro funcionamiento psicológico se refiere.

Aunque, no es muy difícil adivinar que, cuando una persona es sometida a situaciones dolorosas o traumáticas desde su niñez, su vida será complicada debido al daño psicológico que se crea, el cual, de no ser bien gestionado, puede traer consecuencias serias en la persona. Ese fue mi caso.

Seguramente te estás preguntando, ¿qué sucedió conmigo luego de mi primera comunión? También me atrevo a asegurar que quieres saber si mi mamá se enteró de lo ocurrido en el viaje infernal. La respuesta es que sí. No pasó mucho tiempo antes de que mi prima le contara a mi mamá sobre ambos abusos y, si bien saberlo la devastó, las cosas no necesariamente se manejaron de la forma como yo hubiese preferido, o más bien, como yo lo necesitaba.

Al enterarse, mi mamá estuvo en *shock* por unos minutos. «No puede ser, no puede ser», «Yo los mato, los mato», decía una y otra vez, llorando desesperadamente.

¡Qué dolor tan grande sentí al ver a mi mamá así! Me sentí tan culpable. La pobre había pasado por tanto últimamente y ahora esto. De pronto, luego de hacer una breve pausa, llamó a mi prima por su nombre y le dijo:

—Por favor, no digas nada de esto. ¡Te lo imploro!

Como era la primera vez en mi vida que escuchaba la palabra «implorar», la busqué en el diccionario, entonces entendí que para mi mamá era realmente importante que nada de lo ocurrido se supiera. Una vez más la solución fue el silencio.

Ocultar el abuso sexual es algo extremadamente común en nuestra cultura. No sé si es que las personas piensan que hacer como que algo no sucedió realmente lo borra, pero nada más lejos de la verdad. Ciertamente no hablar del abuso trae sus ventajas, tales como: evitar que otros se enteren, con lo cual se elude la confrontación, la vergüenza y el drama familiar. Pero el hecho sigue estando allí, totalmente vivo en el cuerpo, en la mente y en la vida de quien lo vivió.

No hablar al respecto hace que la persona que sufrió el abuso se sienta mucho más culpable aún, más sucia y, sobre todo, terriblemente ignorada. No brindarle la ayuda adecuada a un niño que ha sido abusado sexualmente lo condena a vivir en una guerra perpetua con el mundo, un mundo que no solo no lo protegió, sino que tampoco lo defendió. Un mundo que le demostró que su dolor no era importante.

No es de extrañarse que la mayoría de los sociópatas, violadores e incluso asesinos en serie vienen de un historial de abuso sexual no gestionado adecuadamente.

Un caso que a mí me apasionó cuando lo conocí fue el de Aileen Wuornos, una prostituta estadounidense con un pasado traumático que se convirtió en asesina en serie, quien mató a tiros a siete de sus clientes. Ese caso me fascinó porque muchas veces tuve la fantasía de matar hombres, y ¿por qué no?, mi papá me abandonó y al menos dos hombres más abusaron de mí.

Sí, lamentablemente hubo otros abusos menores de los cuales prefiero no hablar. Entonces, pretender que yo creciera amando al sexo masculino era bastante poco realista, pero afortunadamente no todas las personas abusadas sexualmente se convierten en un peligro para la sociedad. Tal fue mi caso, nunca usé drogas y fui socialmente funcional, en realidad, nunca me metí en problemas de ningún tipo y ni siquiera dudé jamás de mi heterosexualidad, aunque no fui feliz. Todo lo contrario, mi vida era dolorosa, triste y vacía, crecí llena de rabia y resentimiento contra el mundo.

Como mi madre decidió que la solución al problema era ocultarlo, yo hice lo mismo. Decidí tragarme mi rabia, mi miedo y mi dolor, pero lo hice porque si mi silencio era lo que nos iba a ayudar a preservar la paz que finalmente habíamos alcanzado, entonces yo me callaría la boca con gusto. Lo que no sabía era que la tan anhelada paz sería mi propia guerra.

Pasaron varios años antes de que yo supiera que después de mí, el diablo también abusó de otras niñas en mi familia. Saberlo, me llenó aún más de culpa y de alguna manera dejé de sentirme víctima y empecé a sentirme victimaria. Sentí que pude haber hecho algo para detener al demonio, evitar que dañara la vida de otras niñas, pero no lo hice, así que mi maldito silencio se había convertido en su cómplice. Fue por eso que nació en mí una nueva y mucho más poderosa razón para odiarme. Además de sucia y pecadora, me había vuelto, sin darme cuenta, una mala persona.

Aunque siempre traté de ocultarlo, incluso ante mí misma, mi vida se volvió insoportablemente dolorosa. De vez en cuando, tanto los adultos como los niños se referían a mí como una niña rara.

«¿Qué le pasa a Patricia?», «¿Por qué Patricia es así?», «¿Por qué Patricia siempre está como triste?», «¿por qué Patricia siempre está como brava?». Esos eran algunos de los comentarios que se decían sobre mí. La verdad, no había nada demasiado alarmante en mi funcionamiento social como para adivinar que yo necesitaba ayuda, pero tampoco se puede decir que era un comportamiento infantil completamente normal que se debiera ignorar.

Nunca dejará de impresionarme la facilidad que tienen las personas para voltear hacia otro lado cuando lo que están viendo no es su problema.

LA AUTOCONDENA

Así crecí, siendo una niña tranquila, retraída, tímida y bastante aburrida. Me gustaba más estar sola que jugar con otros niños y prefería los libros antes que los juguetes. Además, era muy nerviosa y llorona, de modo que los ataques de llanto a veces se volvían incontrolables. Lo que nadie sabía, ni siquiera yo misma, era que por dentro estaba destrozada y que yo sentía una terrible y asquerosa repulsión por mí misma.

Me sentía totalmente desvalorizada y era extremadamente insegura de mí misma. Sentía que no servía para nada y que no era capaz de lograr otra cosa que no fueran excelentes calificaciones. No me atrevía a jugar absolutamente nada que implicara competencia, a excepción de aquello que se tratara de conocimiento académico, Historia, Ciencias, Matemáticas, ahí sí que nadie me ganaba y eso era algo que a los demás niños no les gustaba jugar, por lo que lo único que lograba ganar en mi vida era diplomas de reconocimiento, medallas a la excelencia académica y el infaltable primer lugar en el cuadro de honor de la escuela.

Ciertamente, ni en la escuela ni en mi familia me faltaba reconocimiento por ser una excelente estudiante, pero, a nivel afectivo, la cosa era diferente: nunca me sentí amada.

No fui precisamente sociable, más bien, me fastidiaban las fiestas porque compartir con otros niños ponía en evidencia mi inferioridad y, como resultado, no jugaba con ellos. Prefería quedarme sentada sola. Los veía correr, perseguirse los unos a los otros, jugar a las escondidas, los veía caerse, ensuciarse y divertirse. ¡Deseaba tanto ser como ellos y odiaba tanto no poder hacerlo!

Estaba tan convencida de que yo era diferente y que jamás intentaría hacer las mismas cosas que ellos hacían. Yo no servía para nada, estaba sucia y dañada, aunque en verdad era muy inteligente, no iba a ser tan estúpida como para pretender ser como ellos y poner mi patética existencia en evidencia.

Ya han pasado muchos años de eso y yo aún me pregunto cómo nunca nadie se dio cuenta de que en silencio yo gritaba por ayuda.

Una vez mi mamá me metió en un plan vacacional por una semana. Había muchos niños de mi edad y el grupo estaba a cargo de dos jóvenes hermanos que estaban alrededor de los veinte años. Uno de ellos era bastante antipático, mientras que el otro era todo lo contrario, por lo que para mí eran el «hermano bueno» y el «hermano malo». Ambos eran superatléticos y cada día traían para nosotros actividades físicas diferentes y divertidas. Al menos para los demás, porque para mí era un suplicio, ya que no podía participar para no hacer el ridículo.

Al principio, cuando todos me invitaban a participar en las actividades simplemente respondía que «no», me retiraba del grupo y miraba desde lejos cómo todos los demás se divertían, pero al pasar los días mi dolor y frustración se fueron haciendo cada vez mayores. De verdad quería jugar, competir, divertirme y ser como todos, sin embargo, la posibilidad de fallar me aterraba.

El día antes de que culminara el plan vacacional escuché a los hermanos a cargo del grupo hablar de mí. Uno le dijo al otro:

—¡Qué insoportable es esta niña, menos mal que esto se acaba mañana!

Mientras que el otro respondió:

—Pobrecita, estoy seguro de que algo le pasa.

Ciertamente, yo no tenía ningún impedimento físico, ni siquiera mi sobrepeso lo era, rasgo que nunca fue algo excesivo porque simplemente yo estaba más cerca de ser gordita que delgada, pero no era algo que realmente pudiera limitarme para correr, saltar o ser simplemente una niña normal. El verdadero impedimento era que yo creía que no servía para nada, que estaba manchada y que, además, era una pecadora. Era mala y las malas personas no pueden ser felices. Así de simple.

Mientras los hermanos hablaban de mí se dieron cuenta de que yo los estaba escuchando. El hermano bueno se me acercó y me pidió que lo acompañara a caminar. Sentí pavor porque creía que ese hombre me había alejado del grupo para abusar de mí, pero no fue así. Me habló muy bonito, me dijo que de todo el grupo yo era su preferida, pues, era la única niña que se portaba bien. Me dijo que ya que el campamento terminaría al día siguiente me quería ver participar en el juego final y que se aseguraría de que yo estuviera en su equipo. También me dijo que a él no le importaba si ganábamos o perdíamos, porque lo único que quería era verme jugar.

Le prometí que lo haría.

Así fue, llegó el último día del campamento y la actividad era una carrera de relevos. Tal y como me lo prometió, yo estaba en su equipo. Llegó mi turno de correr y todos me gritaban y me aplaudían: «Dale, Paty, dale». Ver cómo todos confiaban en mí me llenó de fuerzas para correr a una velocidad de la cual nunca creí poder llegar a hacerlo.

Todos se sorprendieron, pero la más sorprendida de haberle ganado al corredor del equipo contrario fui yo. Al momento de entregarle el palo al otro corredor de mi equipo, por la velocidad que yo llevaba, no se lo pude entregar correctamente en la mano, de modo que el palo se cayó y, para mi mala suerte, rodó bastante lejos, lo cual nos retrasó terriblemente. No recuerdo si al final ganamos o perdimos, lo que sí recuerdo es que ese incidente me convirtió en una total perdedora.

Esa era precisamente la razón por la cual no intentaba nada ni jugaba con nadie. No hacer ninguna otra cosa que no fuera estudiar era la única forma que tenía para ocultar mi asquerosa existencia. Nadie sabe cuántas veces deseé multiplicarme por cero.

Al terminar el campamento el hermano bueno se acercó a mi mamá, supongo que, preocupado, le contó sobre mi extraño comportamiento a lo largo de la semana. Mi mamá se molestó mucho conmigo y me regañó, me dijo que definitivamente conmigo no se podía. Tenía razón, a mí nada me hacía feliz, ni siquiera cuando me llevaba al parque de juegos mecánicos, porque tanta gente me asustaba, las sillas voladoras me aterraban, me daba miedo que el gusanito se atascara y me daba pavor ver las chispas de los carritos chocones, además, ¿qué pasaba si en un descuido de mi mamá algún hombre me robaba y me violaba?

En eso se convirtió mi vida, en un constante miedo de que me hicieran daño y en un gran rechazo por mí misma.

Muchas personas, la mayoría, diría yo, tienen problemas de autoestima y no es su culpa. Realmente, en nuestra cultura latina nadie nos enseña a querernos ni a valorarnos y menos aún en esta sociedad en la que la humildad es mucho más apreciada que la capacidad, pues, más vale ser un perdedor humilde que un exitoso arrogante. He ahí una de las peores contradicciones de nuestra cultura: tienes que ser el mejor, pero tienes prohibido creértelo. Solo que, si no te lo crees, nunca serás el mejor. ¿Así o más complicado?

En mi caso el problema ni siquiera era mi baja autoestima ni mi falta de amor por mí misma, sino el desagrado, la repulsión y el excesivo odio que me tenía.

Cada día que pasaba era una guerra a muerte contra mí misma. Recuerdo que, por alguna extraña razón, cuando entraba en mis crisis de tristeza, me gustaba observar mis manos a detalle y recordaba que eran idénticas a las de mi papá. Pensaba que sus manos no habían estado ahí para salvarme del demonio y que las mías estaban malditas, porque ya habían tocado cosas asquerosas, pero, al mismo tiempo, también pensaba que nada de lo que había pasado había sido mi culpa, ¿o sí? Era como si una parte, una mínima parte de mí, deseaba amarme, pero el asco y la rabia eran más fuerte que cualquier intento de amor propio.

De adolescente, solía clavarme las uñas en los brazos hasta sacarme sangre, y de vez en cuando me encerraba en el baño para darme cachetadas frente al espejo. No lo hacía porque eso me generara placer, lo hacía para castigarme, era mi forma personal de autoflagelarme. Eso tampoco lo supo nadie, mucho menos mi mamá.

Isa, la chica que nos cuidaba a mi hermanita y a mí, sabía que algo me pasaba, ella me escuchaba llorar sin razón y me preguntaba qué pasaba, a lo que yo siempre respondía con un simple «nada», pero un día, al preguntarme por qué lloraba de ese modo, le respondí con un sorprendente:

—Todo, me pasa todo.

—¿Todo?, ¿cómo que todo?, ¿qué es todo?

Yo respondí que lloraba porque odiaba todo, odiaba a mi mamá, odiaba mi escuela, me odiaba a mí misma y odiaba a la estúpida vida.

La crisis de ese día fue terrible. Isa no sabía qué hacer. Yo estaba en el cuarto de mi mamá sentada en el suelo, recostada del gavetero, clavándome las uñas en los brazos y golpeando mi cabeza contra las gavetas. Isa, preocupada, le contó a mi mamá, pero a ella le pareció que había sido «uno más de mis dramas», así que simplemente me regañó y asunto terminado.

Con el tiempo las cosas siguieron empeorando. De tanto callar pasé a ser gritona y ofensiva. De tanto ser sumisa pasé a ser rebelde y de tanto dejarme abusar pasé a estar constantemente a la defensiva.

«Es la adolescencia», decía la gente, pero no, era mucho más que una etapa pasajera de revolución hormonal. Era simplemente en quien me había convertido y, puesto que la vida se había empeñado en hacerme daño, lo menos que podía hacer era lograr que otros sintieran mi dolor. Después de todo, yo no había elegido ser el asco de persona que era. El mundo era malo y yo debía defenderme de todo y de todos.

El tiempo pasó y sin darme cuenta me convertí en una persona conflictiva, difícil y amargada. Me volví autoritaria y controladora, pero al mismo tiempo era frágil y extremadamente sensible. Era como vivir atrapada entre mis ganas de odiar y ser odiada y mi necesidad de amar y ser amada.

No voy a mentir diciendo que estaba sola, obviamente como toda persona «normal» tenía amigos, salía y me divertía. Digo, no era el alma de la fiesta, pero tampoco era una persona asocial. Como cualquier chica también tuve novios, aunque mis relaciones eran siempre conflictivas, tanto con mis amigos, como con mis parejas.

Debo haber tenido diecisiete años cuando salí una noche con el que era mi novio en ese momento. Me tomé un par de cervezas —cosa que nunca hacía—, pues no me gustaba el alcohol, pero esa noche salimos en grupo y bebí un poco. Nadie se percató, ni siquiera yo misma, de que no debí hacerlo porque estaba tomando medicamentos recetados por un médico tras haberme hecho unos días atrás una cirugía nasal funcional.

Lo cierto es que al llegar al apartamento la interacción entre el alcohol y los medicamentos me generó una reacción química terrible, provocándome una crisis en la que tuvieron que detenerme entre varias personas para evitar que me lanzara por el balcón.

Al día siguiente no recordaba nada, aunque me desperté muy adolorida y con varios golpes en los brazos y en la cara. Cuando le pregunté a mi mamá por qué estaba tan golpeada, ella me contó lo ocurrido y me dijo que las marcas en los brazos eran porque habían tenido que agarrarme muy fuerte para evitar que me lanzara por el balcón y que, además, me había autoagredido varias veces.

Un par de vecinos que habían escuchado lo ocurrido corroboraron la versión, hasta me dijeron que yo estaba como «endemoniada». Creo que luego de ese incidente mi mamá se dio cuenta de que algo verdaderamente malo ocurría conmigo, lamentablemente esa fue la única vez, porque fuimos a la primera sesión con un psicólogo y nunca más volvimos.

Sumado a lo anterior, mi rechazo hacia mí misma terminó controlando incluso mi vida sexual. Esa también era un desastre. No lograba tener orgasmos, a pesar de que yo sabía que sí era capaz de sentirlos, porque ya una vez había tenido uno y fue tal la sensación de repulsión y asco hacia mí misma, ante tan delicioso placer, que de forma inconsciente hice un pacto con la frigidez. Después de todo,

¿qué clase de basura siente placer con algo tan asqueroso, malévolo y depravado como el sexo?

Desde ese momento, y hasta incluso años después de haber tenido a mi primer hijo, no volví a sentir un orgasmo.

Seguían pasando los años, mi vida era cada vez más frustrante y vacía. Yo de verdad quería ser como los demás, quería ser feliz, tener ambiciones, sueños y alcanzar metas. Quería encajar en el mundo, deseaba ser aceptada, llevarme bien con todos, ser esa amiga que todos querían tener cerca, pero cada vez se me hacía más difícil.

Trataba por todos los medios de ser una buena amiga, una buena madre y una buena hija, a pesar de que con el paso del tiempo la relación con mi mamá se volvió particularmente difícil.

También trataba de ser una buena esposa, porque no deseaba otro divorcio en mi vida. Al fin había encontrado a un hombre que realmente me amaba y me respetaba, uno que por fin me había dado mi lugar por encima de las opiniones de los demás, uno que jamás me había gritado ni golpeado, uno que jamás me había engañado y que, además, me había enseñado a disfrutar de lo delicioso que es hacer el amor.

Sí, ese hombre era demasiado bueno para ser cierto, pero realmente así era. La del problema seguía siendo yo. Como de costumbre y como en absolutamente todas mis relaciones personales y laborales, el problema era yo y mi insoportable forma de ser, que hacía que todos, o casi todos, se apartaran de mi lado.

«Cuídalo, porque otro como ese no lo vas a encontrar», «¿En qué estaba pensando ese hombre cuando se enamoró de ti?», «Algún día va a abrir los ojos y te va a dar una patada por el trasero», «Ese hombre es demasiado bueno para ti», «¿qué karma estará pagando ese pobre hombre contigo?». Esos eran los comentarios «chistosos» que la gente a nuestro alrededor hacía sobre nosotros.

Nadie sabe lo que esos «chistes» me dolían. Ya sabía perfectamente que yo no servía para nada y no necesitaba que otros me lo dijeran. Todos esos comentarios afianzaban lo que ya conocía de mí, que mi existencia era total y absolutamente patética e innecesaria. La vida tenía muchos años demostrándomelo.

Fueron más de treinta años en los que nunca fui la mejor amiga de nadie, ni la hermana, la prima, la cuñada o la nuera favorita de nadie. Tampoco fui la preferida de ninguno de mis padres, ni siquiera de mi papá, lo cual me resultaba particularmente irónico considerando que no tuvo más hijos.

Sí, probablemente todos tenían razón y ese hombre era mucho para mí, pero confieso que alguna vez pasó por mi mente que quizás la vida finalmente me estaba compensando por todo el daño que me había hecho y por tanto dolor que me había causado, aunque, luego recordaba la clase de basura que yo era y que a gente así no se premia.

Entonces comencé a pensar como todos los demás: «¿qué habría hecho ese pobre hombre en otra vida para merecer el castigo de estar conmigo?». Así fue como se volvió la típica relación entre «el bueno y la mala». Aun así, nos casamos.

CONVENCE A ALGUIEN DE QUE ES MALO Y SE VOLVERÁ EL PEOR

Si ya antes era autoritaria, para ese momento ya era enfermizamente castrante y controladora. Nuestra relación se había vuelto tóxica. Sin querer, me dediqué a hacerle la vida imposible a mi esposo con mis celos y con mis inseguridades. Prácticamente lo aparté de sus amigos, porque no podía permitir que se diera cuenta de que todos eran mejores que yo. Para mí, todo y todos eran competencia, en especial las mujeres, pues, jamás me sentí o me consideré una mujer bella o que valiera la pena.

Estaba tan desvalorizada internamente que me costaba mantener los trabajos. Odiaba terriblemente tener que trabajar en un restaurante, pero era lo que me tocaba hacer por ser tan inepta y no saber hacer más nada a pesar de haber obtenido un título de Mercadotecnia en mi país, y ser mesera era el trabajo más común para los inmigrantes en ese momento.

Ya para entonces mi residencia era totalmente legal en los Estados Unidos, por lo que hubiese podido estudiar y obtener una nueva profesión o incluso validar la mía. Hice algunas averiguaciones para convertirme en técnico de ultrasonido, era una carrera corta que solo requería dos años de estudios, además, era muy rentable.

Sin embargo, en ese momento yo estaba convencida de que ni para estudiar servía. De forma inconsciente, había regresado la Patricia niña que no intentaba nada nuevo para no fallar y no poner en evidencia su incompetencia y su estupidez.

Al mes de habernos casado quedé embarazada. Estaba realmente feliz, al fin había en mi vida una verdadera razón para luchar. No era mi primer bebé, mientras que sí habría sido el primer hijo de mi esposo y, además, era mi primer embarazo planificado.

La vida al fin me sonreía. Había encontrado un buen hombre, me había casado y había quedado embarazada. Por fin estaba haciendo las cosas bien y en el orden correcto. Sin lugar a duda ese bebé había llegado para cambiarme la vida. Recuerdo la primera vez que escuchamos latir ese corazoncito, creo que tanto mi esposo como yo alcanzamos en ese momento nuestro punto máximo de felicidad.

Unas semanas después, en el otro ultrasonido nos dijeron que el corazón del bebé no tenía latido. Mi bebito amado había muerto dentro de mí, dejando a su papi devastado y a mí hundida en una terrible depresión.

A nivel médico el asunto fue terriblemente mal manejado. No me hicieron ningún legrado, sino que me enviaron a casa dejando el embrión muerto dentro de mí para que lo expulsara yo sola por vía natural. Así fue como pasé más de una semana embarazada de un bebé sin vida.

¿Por qué mi bebito se había muerto? Esa era la pregunta que me hacía una y otra vez.

Las estadísticas son contundentes, hasta el 20 % de los embarazos terminan en abortos espontáneos, mas para mí no era un tema de estadísticas, sino de justicia divina. Me merecía haber perdido a mi bebito y merecía haberlo hecho de la forma en que ocurrió.

Nunca, en todos mis años de vida, había conocido a ninguna mujer a la que enviaran a su casa con un bebé muerto en su vientre, tal que si me había ocurrido a mí era porque definitivamente me lo merecía.

Todo eso dolía, pero lo que más me desgarraba el alma era que mi bebé había muerto por mi culpa, yo estaba tan podrida por dentro que mi bebito no aguantó. Pero ¿qué culpa tenía mi esposo? Definitivamente, lo único que yo hacía en mi vida era estorbar y causar daño.

Sé que para cualquiera ese parece un pensamiento irracional, y realmente lo es, mientras que para mí todo lo que me ocurría era una muestra de que yo era una basura y que mi vida no tenía ni sentido ni valor alguno.

En ese estado, bajo esa depresión, quedé embarazada de mi hija. No creo que haga falta que te explique el terror que viví durante nueve meses pensando que a ella también la perdería y, como en mi vida nada era fácil o bueno, a los cinco meses de embarazo me dijeron que la bebita venía con síndrome de Down, lo cual resultó ser una falsa alarma.

Mi hija nació preciosa y sana, pero ni siquiera su llegada logró impedir que mi vida siguiera siendo una pesadilla, la cual empeoró tras una terrible depresión postparto. La ansiedad y los ataques de pánico que sufría de niña volvieron a aparecer. Cada día era una batalla y si soy cien por ciento honesta, debo admitir que estaba bastante desequilibrada mental y emocionalmente.

Por fortuna, entre mis remotas y casi inexistentes virtudes estaba la de pedir ayuda cuando la necesitaba. De niña no supe hacerlo y la consecuencia de ello era precisamente la guerra emocional que venía arrastrando desde hacía tantos años, sin embargo, ya siendo adulta comprendí que es más fácil recibir ayuda si la pedimos, porque los demás están demasiado ocupados como para ofrecerla y mucho más aún para darse cuenta de que la necesitamos. Además, esta vez no se trataba de mí, sino de mi hija recién nacida, tenía mucho miedo de hacerle daño a la bebé.

Un día, en medio de una crisis de ansiedad, pensé en quitarme la vida junto a la niña, pero, como indiscutiblemente Dios existe, algo me detuvo y en ese instante de lucidez llamé a mi esposo a su trabajo para pedirle que viniera rápido a la casa, puesto que la bebé no estaba segura conmigo. Cuando llegó le pedí que me buscara terapia.

Así lo hicimos, comencé una nueva ronda de sesiones con una nueva psicóloga, esta vez para tratar mi depresión postparto y, como era de esperarse, todo lo que venía arrastrando: la depresión, la ansiedad, los ataques de pánico, mi mal carácter, mi falta de seguridad, mi desvalorización y la repulsión y el odio hacia mí misma no eran un tema de origen hormonal que apareció tras haber tenido un bebé, eso solo ayudó a que me hundiera aún más en el inframundo en el que ya estaba viviendo durante años antes de mi embarazo.

Las terapias poco funcionaban. El tiempo pasó y la vida me dolía cada vez más. La ansiedad estaba conmigo casi a diario, a veces me despertaba de madrugada ahogada. Otras veces, al abrir los ojos en la mañana, sentía como si tuviera un elefante sobre mi pecho que no me dejaba respirar. Una vez fui a parar de emergencia al hospital creyendo que se trataba de un infarto, cuando solo se trataba de un ataque de pánico.

Casi a diario mi café mañanero iba acompañado de largas jornadas de llanto y, aun así, yo estaba negada a medicarme, pues, el efecto de los antidepresivos era realmente adverso. Los pensamientos suicidas se multiplicaban, el sueño y los bostezos eran insoportables y los ataques de llanto incontrolables, además, yo sabía perfectamente el origen de mis problemas y no hay ninguna medicina que cure el pasado. Yo no necesitaba una pastilla que me adormitara y me distrajera del mundo. Lo que yo realmente necesitaba era algo que me arreglara la vida o, mejor aún, que me la quitara.

Ni esta nueva psicóloga, ni ningún otro terapeuta, por excelente que fuera, lograba convencerme jamás de que yo valía la pena como ser humano o de que mi vida tuviera sentido alguno, sin embargo, cada persona con la que hablaba, por insignificante que fuera en mi vida, tenía el poder de convencerme de lo contrario.

Insisto, nunca, o casi nunca, estamos verdaderamente solos en el mundo, así que todavía me quedaban algunas amigas. Con algunas hablaba sobre mi depresión abiertamente, con otras simplemente peleaba, pero hubo una en particular que, sin intención, me ayudó a hundirme en el hoyo más profundo de mi inframundo. Ella un día me dijo lo siguiente:

—Tú eres como un cachorrito tierno y dulce, fácil de amar, aunque estar cerca de ti da miedo porque uno nunca sabe cuándo vas a morder.

Esa comparación me dolió terriblemente. Yo no quería ser así. Nunca quise serlo, sin embargo, a pesar de lo doloroso que fue, ese concepto era mucho mejor que el que yo tenía sobre mí misma. Yo solía compararme con un saco repleto de navajas afiladas que mientras estuviera cerrado no había problema, solo que, ese saco, sin razón alguna se abría y de forma repentina las navajas salían disparadas descontroladamente, hiriendo o matando a todo el que estuviera a su alcance.

Era curioso, yo sabía que no era como Aileen Wuornos o como ningún otro asesino en serie, aun cuando sí los entendía. Mi problema era otro, yo jamás mataría a alguien, pero sentía que mi forma de relacionarme con el mundo era realmente dañina. Para mí la realidad era sola una: mi presencia en el mundo estaba de más. Una parte de mí tenía miedo de hacerle daño a alguien, mientras que la otra tenía miedo de hacerme daño a mí misma. Literalmente me sentía al borde de un precipicio en doble vía, o me caía hacia un lado o me caía hacia el otro, de cualquier modo, siempre me caía.

CREENCIAS Y REALIDAD PERSONAL

La comparación que mi amiga hizo sobre mí con el cachorro se quedó en mi mente por algún tiempo. Ciertamente, un cachorrito es lo más bello del mundo, no obstante, su instinto es y siempre será morder si se siente atacado. ¡Bingo! Ahora todo tenía un poco más de sentido para mí. Yo no era mala, a pesar de que constantemente me sentía atacada por la vida, ¿y cómo no sentirme así?, ¿acaso me faltaban razones para hacerlo? Entonces fue cuando descubrí que lo que había hecho durante toda mi vida había sido defenderme y, lamentablemente, la mejor defensa es el ataque. Esa era la razón por la cual mi vida era una guerra constante.

Es impresionante cómo los seres humanos desarrollamos estrategias mentales de forma inconsciente para poder funcionar en el mundo. Esas estrategias son las que nos llevan a vivir en una guerra constante entre lo que somos y aquello en lo que nos convertimos. Lo que somos es, en esencia, inalterable. Aquello en lo que nos convertimos depende de una sola cosa: **nuestras creencias sobre nosotros mismos y sobre el mundo.**

Una creencia es algo que te da una sensación de certeza con respecto a algo. Los seres humanos necesitamos tener creencias por la sencilla razón de que somos bastante malos prediciendo el futuro y somos peor aun tolerando la incertidumbre. En un mundo en el que la única constante es el cambio, mientras más certeza construyamos en nuestra vida, más seguros y protegidos nos sentimos. El problema está en que nuestras creencias no siempre son la verdad, sin embargo, sí es a través de ellas que nuestra realidad personal se crea.

Así es como vamos construyendo nuestra identidad, es decir, todo aquello que colocamos luego del «yo soy» y, a medida en que vamos creciendo, le asignamos valor a los diferentes aspectos que conforman esa imagen que hemos construido sobre nosotros mismos. Si mayormente lo que va después del «yo soy» nos gusta, entonces se dice que tenemos una buena autoestima. Si, por el contrario, odiamos lo que hemos dado por cierto con respecto a nuestra identidad, entonces, simplemente nos odiamos a nosotros mismos porque odiamos lo que somos. Ese exactamente fue mi caso.

Los seres humanos creamos la imagen que tenemos sobre nosotros y sobre el mundo a través de un proceso que es totalmente subjetivo que comienza desde nuestra primera interacción con el mundo desde que estamos en el vientre materno. Incluso hay quienes aseguran que nuestra existencia viene arrastrando el linaje de nuestros ancestros.

Sea como sea el asunto, hay una realidad irrefutable: si nuestra creencia es que el mundo es un lugar hermoso, cálido y amoroso, viviremos en paz con él. Eso es lo que yo llamo «vivir en el cielo».

Y si creemos que el mundo es un lugar horrible, frío y hostil, viviremos en guerra contra él. Eso es lo que para mí significa «vivir en el infierno».

Una vez que tenemos creada nuestra imagen sobre nosotros mismos y sobre el mundo, nuestra mente se

encarga de confirmar esas creencias y de reafirmar lo que hemos venido dando por cierto sin importar si es bueno o malo, o si es verdad o mentira. La mente crea nuestra realidad personal basándose únicamente en lo que ya conoce.

Si venimos de un historial de abandono, trabajaremos inconscientemente para seguir siendo abandonados. Si venimos de un historial de abuso, trabajaremos inconscientemente para seguir siendo abusados. Si venimos de un historial de rechazo, trabajaremos inconscientemente para seguir siendo rechazados. Esa es la razón por la cual en nuestra vida se repiten los mismos resultados una y otra vez. Eso es lo que muchos llaman «la ley de la atracción», cuando en realidad se trata de nuestro funcionamiento psicológico, puesto que de forma inconsciente vamos repitiendo patrones (hábitos) que terminan convirtiéndose en nuestro condicionamiento.

Mi trabajo aquí no es cuestionar si venimos al mundo con un linaje kármico. Tampoco intento convertirme en detractora de la ley de la atracción, del pensamiento positivo, ni de ningún otro ritual o herramienta de crecimiento personal que hayas venido practicando, ya sea meditación, afirmaciones, mantras, etc., todo lo contrario, si te funciona, consérvalo, pero si no, créeme que no estás solo, somos muchos los que nos pasamos la vida intentando de todo sin que nada nos funcione, al menos no como deseamos o como lo necesitamos. Lo que pasa es que a nadie le gusta contar sus miserias, porque es mucho más atractivo y rentable contar las victorias.

Dile a un millón de personas que les vendes eso que les cambiará la vida y, sea verdad o sea mentira, te convertirás en millonario.

En mi caso, yo vivía buscando ese «algo» que me cambiaría la vida, eso que convertiría mi historia en un «antes y un después» y la verdad es que nada funcionaba, muy por el contrario, cada cosa nueva que practicaba y que supuestamente a los demás sí les funcionaba, a mí me causaba más y más frustración, pues, lo único que me generaba era un terrible ruido mental que no me dejaba vivir en paz conmigo ni con el mundo. Recuerdo que una vez pensé: «Lo único que me puede cambiar la vida es un borrador de memoria».

Aunque esa idea parecía descabellada, en realidad no lo era tanto, tiempo después descubrí que todo, absolutamente todo lo que crea nuestra experiencia de vida, es decir, nuestra realidad personal, es producto de nuestro propio pensamiento, sea este un recuerdo del pasado, una visualización hacia el futuro, un hecho real o una simple fantasía.

Todo lo que nuestra mente produce es pensamiento y cada uno de ellos genera una emoción en nosotros que crea una experiencia real. He ahí el poder de la famosa visualización creativa, ya que nuestro pensamiento proyectado hacia un futuro que deseamos nos genera felicidad y nos ayuda a movernos hacia ello para conseguirlo.

Lo mismo ocurre con un recuerdo, una vez aparece en nuestra mente nos genera la misma emoción de cuando vivimos el hecho. Es por eso que cuando recordamos algo hermoso se nos escapa una sonrisa y volvemos a sentirnos felices, pero si el recuerdo es doloroso podemos incluso llorar como ese día.

Todas, absolutamente todas las experiencias que vivimos llegan a nosotros a través de nuestro pensamiento y de allí nacen nuestras emociones.

¡UNA EMOCIÓN ES UN PENSAMIENTO SENTIDO!

¿Tienes idea de la importancia de esto? Una mente que está acostumbrada a reproducir constantemente recuerdos de dolor, miedo y conflicto, generará más de lo mismo, creando incluso falsos escenarios de peligro ante los cuales reaccionaremos sin importar si son verdad o no. Recordemos que **la mente inconsciente no diferencia realidad de fantasía**, y una vez el pensamiento es generado, aparece la emoción y entonces la experiencia se vuelve real por el simple hecho de que ya la sentimos, es decir que verdaderamente la vivimos.

Esto es algo que no es sencillo de comprender, es extremadamente poderoso y unido al entendimiento de lo que en realidad somos a nivel esencial como seres humanos, fue lo que cambió mi vida. No sé si cambie la tuya, pues, no tengo la fórmula mágica que te vuelva inmune al sufrimiento, pero lo menos que puedo hacer es compartirlo contigo con la intención de ayudarte a mudarte del infierno al cielo. Eso es exactamente lo que te corresponde, aunque tu mente te engañe a diario diciéndote lo contrario.

Ese es precisamente nuestro mayor problema, que vivimos una vida mental en la que hemos dado por hecho que nuestra mente es mucho más poderosa que nosotros. Creemos en todo lo que nos dice, cuestionando poco o nada la veracidad de su mensaje y permitiéndole que dirija nuestra vida como si fuéramos simples marionetas. Le damos a nuestra mente todo nuestro poder, permitiéndole crear la realidad que vivimos a diario, una realidad muchas veces dolorosa y terriblemente equivocada que dista mucho de la que nos corresponde y para la cual fuimos creados.

Como dijo el Sr. Sydney Banks de acuerdo con su magnífico entendimiento de los tres principios de la experiencia humana: «Tus pensamientos son como el pincel del artista. Crean una imagen personal de la realidad en la que vives».

Pero hay casos en los que por mucho que el artista sueñe con colores y, a pesar de que cada instante de la vida es un lienzo en blanco, el pincel siempre se va por los tonos que conoce, creando el mismo cuadro una y otra vez.

Para mí el abandono de mi padre significó que yo no era importante, ni para él ni para nadie. Los repetidos abusos sexuales me convencieron de que si algo no merecía yo en la vida era amor y protección. Y el mundo con su indiferencia me enseñó que era un lugar difícil y hostil para vivir, en el cual se debe atacar para sobrevivir o simplemente dejarse arrollar una y otra vez hasta morir.

Sí, quizás mi paleta también estaba llena de colores, pero mi pincel no los veía. El pobre estaba demasiado acostumbrado a elegir siempre los mismos tonos sombríos de la guerra fría…

III

EL CIELO

El cielo significa ser uno con Dios.
Confucio

LA NOCHE QUE MORÍ

«Si fuiste bueno en vida, cuando mueras irás al cielo, pero si no, irás al infierno». Al menos eso es lo que se dice. No conozco ningún muerto que haya vivido para contármelo, así que sigo teniendo mis dudas al respecto. También dicen que si te suicidas serás enviado al bajo astral y pagarás allí una condena equivalente a la cantidad de años que te faltaban por vivir y luego de eso serás enviado al infierno por toda la eternidad.

No estoy muy segura de que en el mundo espiritual también se mida el tiempo de acuerdo con el calendario humano y, la verdad, me parece bastante injusto eso de que los suicidas no vayan al cielo, después de todo, nadie se quita la vida por haber sido demasiado feliz. Así que lo lógico sería que, luego de haber tenido una existencia de sufrimiento, en vez de ir al infierno (de nuevo), lleguemos al cielo para finalmente ser felices por toda la eternidad, si no es así, ¿dónde está la justicia divina?

Pero, en fin, mi trabajo aquí no es descifrar el misterio de lo que ocurre después de la muerte ni mucho menos cuestionar los designios de Dios. Después de todo, si la vida está llena de contradicciones, enredos e injusticias, la muerte no tendría por qué ser diferente.

Lo cierto es que nada con respecto al suicidio y sus consecuencias me asustaba lo suficiente como para quitarme las ganas de acabar con mi vida. Y es que cuando se está realmente deprimido, ninguna razón es lo suficientemente fuerte como para hacerte desear conservarla. Así fue como a los treinta y seis años decidí acabar con la mía.

Mi esposo me había pedido el divorcio, lo cual no era razón suficiente para querer quitarme la vida, pero sí fue la última razón que necesitaba para decidirme a hacerlo. Sentía que mi hijo mayor no me quería, y mi hija estaba demasiado pequeña para odiarme, aunque era cuestión de tiempo que comenzara a hacerlo. Ninguna de mis relaciones era precisamente buena. Ni con mi esposo, ni con mi familia, ni con mis amigos y la peor de todas era mi relación conmigo misma.

Vivir me dolía, así de simple, y la verdad es que ya no estaba dispuesta a seguir soportando tanto dolor emocional. La decisión ya estaba tomada, pero había un detalle. Mi muerte tenía que parecer accidental porque no quería que mis hijos cargaran con la etiqueta de la mamá suicida, así que, ¿cómo lo iba a hacer?

Agarré lápiz y papel e hice una lista de posibles formas de suicidios «accidentales» y luego de un detenido análisis planifiqué cuidadosamente mi muerte de forma que todos creyeran que se había tratado de un «accidente fatal». Además, quizás así ganaría un poco de simpatía de la gente (bueno, eso pensaba yo), aunque fuera *post mortem*.

La noche que planifiqué mi suicidio estaba sola con mi hija, ella tenía seis años en ese momento. La acosté y me quedé junto a ella hasta que se durmió. Ni siquiera su dulce rostro lograba convencerme de querer seguir viva, todo lo contrario, por amor a ella y a su hermano era que debía irme, ya que, después de todo, ellos no merecían la basura de mamá que les había tocado.

Era jueves y yo ejecutaría el plan el domingo, es decir, tres días después. Tenía mucho miedo, pero, a decir verdad, más me aterraba seguir viva. Me senté en el sofá y lloré por horas sin entender qué sentido había tenido mi existencia en este planeta para finalmente llegar a la triste conclusión de que no tuvo ninguno.

La verdad es que en nuestra sociedad juzgamos muy mal a los suicidas, los vemos como cobardes, como débiles. En mi caso no era un tema de falta de fuerza o valentía ante la vida, sino de cansancio y falta de esperanza.

Hablando de esperanza, hoy en día existen ramas de la industria del crecimiento personal y del *coaching* que las menosprecian por carecer supuestamente de certeza, ya que ciertamente en ellas solo hay deseos o anhelos, mas no seguridad, además de que no ofrecen o aportan un impulso verdadero hacia la toma de acción.

Sí, todo eso es cierto, porque tener la esperanza de que algo ocurra y no hacer lo que tienes que hacer para que suceda es una idiotez que no te va a sacar de tu fase de soñador. Sin embargo, lanzarte a hacer algo sin tener al menos la esperanza de que ocurra es más estúpido aún. Claro que nada como hacer algo con la certeza de lograrlo, pero en mi opinión, sentir esperanza es un muy buen punto de partida, porque si bien es cierto que tenerla es insuficiente, no tenerla es fatal.

La esperanza es la que nos invita a tener la confianza de que eso que uno desea se dará. Yo deseaba ser feliz, pero no tenía ni siquiera la esperanza de lograrlo y esa era la razón del terrible vacío en el que se había convertido mi vida.

Hasta entonces entendía que existir y vivir son dos cosas totalmente diferentes, porque cuando sientes que no tienes nada que lograr ni ninguna razón para luchar, o al menos una mínima ilusión que te haga suspirar, entonces ya estás muerto en vida.

Cuando llegas al punto en el que ni tu propia vida te importa ya no te queda nada más por perder. Ese era mi caso, pero de repente surgió en mí una pregunta: ¿qué pasaría si aún me quedara algo por ganar? Esa interrogante, o más bien la respuesta, me salvó la vida.

Cuando estamos pasando por momentos de incertidumbre casi todos pedimos señales que no comprendemos y, por ende, terminamos ignorándolas. Es curioso lo muy acostumbrados que estamos a escuchar solo palabras, por eso nos cuesta entender otras formas de comunicación más abstractas y esa es precisamente la razón por la cual, aunque Dios siempre nos contesta, nos cuesta entender.

Si supiéramos lo importante que es mantenernos abiertos al hecho de que las respuestas están en todo lo que existe y que las señales están en todas partes, viviríamos más conectados y nos sentiríamos menos perdidos y abandonados cuando atravesamos por momentos de tribulación.

Lo que realmente nos sucede es que estamos tan metidos en nuestra mente intentando arreglarlo todo desde ahí, que nos desconectamos de la fuente, siendo que es allí, en nuestra alma, donde habita nuestra infinita sabiduría y donde yacen las respuestas que nos guían y nos ayudan a solucionar eso que llamamos problema, pero como estamos condicionados a que «la razón está por encima del corazón» nos hemos acostumbrado más a pensar que a sentir, y a escuchar, más que percibir.

Además, estamos viviendo en una era en la cual la velocidad nos atropella y la practicidad nos arrastra, necesitamos tomar decisiones rápidamente antes de que otro lo haga por nosotros, así que no tenemos tiempo para perderlo con estúpidas corazonadas. Si a eso le sumamos que el pensamiento está lleno de información conocida, con la cual ya estamos familiarizados y que no requiere de interpretación de nuestra parte, nos podemos dar una idea del por qué vivimos tan perdidos y desconectados de nuestra esencia.

La noche que planeé mi suicidio le pedí a Dios que me respondiera si en esta vida quedaba todavía algo para mí. Para mi total sorpresa me respondió y lo hizo de tal forma que no pudiese generar ninguna duda en mí. No quiero parecer sarcástica, sin embargo, supongo que tomó en cuenta que cualquier error de interpretación de mi parte podía costarme la vida, literalmente.

No sé cómo explicar lo que sentí en ese momento porque en definitiva hay situaciones en las que las palabras no pueden ser suficientemente descriptivas. Eso ocurre precisamente cuando intentamos narrar una experiencia espiritual en términos físicos: las palabras se quedan cortas porque intentan darle forma a algo que simplemente no la tiene, pero no por ello deja de ser y de existir. Creo que la mejor manera de explicarlo es que el mundo físico y, por ende, el mental, es aquel en el que todo tiene forma, mientras que en el mundo espiritual es la no forma la que reina, ya que allí todo es etéreo, abstracto e infinito.

Todos los seres humanos tenemos experiencias espirituales, pero no estamos demasiado conscientes de ellas. Supongo que a lo largo de mi vida yo también tuve muchas, pero la noche en que decidí acabar con mi vida fue la más real, patente y poderosa que había tenido hasta ese momento. Fue como si mi corazón se llenara de esperanza, mi ser de ilusión y mi cuerpo de seguridad, y gracias a que la mente no era parte de ese momento fue que por primera vez vi frente a mí la posibilidad de una nueva vida.

Esa noche comprobé que no estamos solos, que Dios sí nos escucha y que no está arriba en el cielo esperando a que lo alcancemos con actos de arrepentimiento, sino que está dentro de nosotros, en nuestra alma, aguardando paciente y amoroso a que a través de nuestro amor propio conectemos con Él y recibamos su gracia y su guía. Sí, esa noche comprobé que la separación entre el Creador y su creación no es más que una mentira, una ilusión religiosa que busca controlar nuestra vida.

Es verdad que no me suicidé, no obstante, esa noche sí morí. Al menos una parte de mí lo hizo, dándole paso a una nueva yo, una que sí deseaba vivir y que sabía que, a pesar de no haber visto el camino completo, tenía la certeza de poder dar un primer paso, ese que, aunque es el más difícil también es el más importante cuando se trata de avanzar.

Ya que decidí permanecer en la tierra, quise que mi vida valiera la pena. Volví a tomar terapia, esta vez con una perspectiva diferente. Sabía que la vida tenía algo para mí y que solo debía encontrarlo. Algo en mí estaba cambiando, me sentía más tranquila, más liviana y, sobre todo, más feliz.

Comprendí que ya era tiempo de salir del infierno del pasado y de la guerra con mis pensamientos para encontrarme o, más bien, para reencontrarme con la grandeza de mi ser. Entendí que ya era tiempo de levantar la cabeza con el orgullo del guerrero que, aunque herido, golpeado y ensangrentado, ha ganado la batalla. Por fin había llegado para mí el momento de mirar a los ojos a la vida y con una sonrisa amorosa y desafiante, decirle: «Aquí estoy, querida amiga, lista para emprender el sendero, preparada y sobre todo muy afortunada de tener tu compañía».

No te voy a mentir, no tenía idea de por dónde comenzar ese nuevo camino que se abría ante mí. Algo me decía que poco a poco se me revelaría.

Así fue. Un día, durante una sesión de terapia me visualicé con total claridad en una especie de auditorio, hablando ante una multitud. Fue tal la emoción que sentí, que de inmediato supe que esa imagen que tan claramente se había proyectado en mi mente estaba relacionada con mi misión de vida. Así fue como una vida que por treinta y seis años no había tenido ningún sentido, de pronto había encontrado un rumbo y no cualquiera, sino el de ayudar a otros a encontrar el suyo.

Ya había desperdiciado demasiado tiempo odiando al mundo y culpándolo por mi doloroso pasado, así que, ¿qué tal si ahora intentaba amarlo? De cualquier modo, sabía que antes de intentar ayudar a otras personas a transformar su vida debía comenzar por la mía.

Así lo hice, comencé a estudiar *life coaching*. Aprendí mucho sobre el funcionamiento de la mente y entendí cómo nuestras creencias limitantes nos fastidian la vida. También aprendí sobre Programación Neurolingüística (PNL) y confieso que me sorprendí enormemente cuando descubrí el efecto que nuestras palabras y nuestra fisionomía tienen sobre nosotros y, por ende, sobre nuestra vida.

Indiscutiblemente hubo un cambio en mí y la gente a mi alrededor comenzó a notarlo. Ya en mi pecho no había tanto dolor ni vacío. No sabía de qué se trataba esa sensación tan agradable que me invadía, pero con el tiempo comprendí que era el nacimiento de un gran amor por mí misma. Comencé a mirarme con otros ojos y a sentir ternura y compasión hacia mí, no en el sentido de tenerme lástima, sino de querer ayudarme a liberarme de todo el dolor que por tantos años había guardado. Había sufrido mucho y ya no quería seguirlo haciendo. Apliqué conmigo todo lo aprendido a propósito del *coaching* y vi cambios extraordinarios.

Algunos años después y por esas cosas de la vida llegó a mí un nuevo curso de *coaching,* y digo «llegó» porque no lo busqué, simplemente llegó como enviado por Dios, así que decidí hacerlo sin tener la menor idea de que lo que estaba a punto de descubrir le daría un nuevo giro a mi vida.

¿Era posible que de verdad yo fuera todo eso?

LA VERDAD DE LO QUE SOMOS

«Ser o no ser, esa es la cuestión». Así comenzó su monólogo el personaje Hamlet en la obra de teatro del mismo nombre, escrita por William Shakespeare alrededor del año 1603. Esa frase nos la hemos dicho todos muchas veces a lo largo de nuestra vida ante los procesos mentales que nos generan indecisión con respecto a nuestra identidad, es decir, lo que somos como individuo y lo que son nuestras acciones incluyendo aquello que somos o no somos capaces de hacer. Sin embargo, estoy segura de que casi ninguno de nosotros nos cuestionamos en lo absoluto acerca de lo que viene antes de nuestra experiencia humana: eso que en realidad somos y que no cambia con nuestros procesos mentales ni con nuestras acciones.

Lo que en realidad somos es una especie de misterio fascinante e indescifrable por la mente humana, ya que no hay indicio que alimente su necesidad de certeza y al mismo tiempo es innegable, pues, nuestra misma existencia hace evidente que somos más que un cuerpo y una mente.

Sé que esto puede resultar incómodo, absurdo e incluso profano para ti, pero a veces es necesario despegarnos de aquello que hemos dado por cierto para poder encontrar una nueva verdad que nos permita crear una realidad diferente y ¿por qué no, mejor? Así que comencemos con los cuestionamientos: ¿alguna vez te has preguntado el origen de Dios?, y si no crees en Él, ¿te has preguntado entonces el origen del universo? Digo, más allá de que nos quieran convencer o, peor aún, que nos quieran hacer elegir entre «evolución» o «creación», es innegable que aquello que le dio origen a todo lo que es y a todo lo que existe se creó a sí mismo, se llame Dios, Universo, Alá, Buda o como lo quieras llamar según tu orientación religiosa, la cual, te repito, yo no soy quién para juzgar ni mucho menos pretendo que la cambies.

Para mí se llama Dios, así lo he venido nombrando y lo seguiré haciendo, pero lo hago desde un punto de vista espiritual mas no religioso, es decir, que no hablo de esa falsa imagen que nos han vendido de un hombre viejo de barba blanca que desde el cielo nos observa, nos juzga y nos castiga, sino de Dios en su más simple y a la vez extenso significado.

En el caso de que no estés de acuerdo conmigo, quiero invitarte a hacer a un lado nuestras diferencias de punto de vista y de religión, porque lo que verdaderamente quiero que veas es aquello que tú, yo y todos los seres humanos tenemos en común: el hecho irrefutable de que, aunque creamos en cosas diferentes, todos fuimos creados por «lo mismo» y «eso» que nos creó es total, absoluto e infinitamente poderoso, tanto como para mantener funcionando por toda la eternidad todo lo que existe, dentro de lo cual está incluida tu magnifica existencia. En el caso de que no lo hayas notado, **«tú eres el milagro universal en acción».** ¿Tienes idea de lo que eso significa? No en vano eso fue lo que me sacó del infierno y me devolvió a ser una con Dios.

Dice la Biblia que «fuimos creados a imagen y semejanza de Dios», y aunque confieso que no soy muy religiosa, sí he aprendido a ver y a reconocer mi naturaleza espiritual, esa que no tiene nada que ver con ningún dogma, porque tampoco tiene que ver con nada humano, sino con lo que en realidad somos: **«seres espirituales viviendo una experiencia humana».**

Siguiendo con los cuestionamientos, alguna vez te has preguntado qué es exactamente eso que te mantiene vivo.

En mis conferencias, una pregunta que siempre le hago a mi audiencia es: ¿qué tienes tú que los muertos no tienen? La respuesta es tan obvia que la gente se lo piensa antes de darme la única respuesta posible: «vida».

La siguiente pregunta que les hago no tiene una respuesta tan evidente, o quizás sí, pero siempre es el ego el que responde y lo hace de forma equivocada. Esa pregunta es: «¿qué haces tú para estar vivo?». Las respuestas que me dan son casi siempre las mismas: «me cuido», «hago ejercicios», «mantengo una alimentación saludable» y cosas que hablan más del estilo de vida que de estar vivos como tal. Confieso que me encanta retar a la gente cuestionando su respuesta con otra pregunta: «¿o sea que las personas que tienen un estilo de vida saludable no mueren?».

A dónde los hago llegar con todo esto es a que se den cuenta de que los seres humanos no hacemos nada para estar vivos, vivimos porque estamos conectados a la energía vital y mientras esa fuente de vida esté fluyendo a través de nosotros viviremos sin que tengamos que hacer nada, ya que simplemente hay «algo» haciéndose cargo de ello.

Ese mismo «algo» es el que se ocupa de que tu cuerpo funcione física, química y biológicamente sin que tú hagas nada al respecto. Tú simplemente despiertas cada mañana sin ordenarle a tus ojos que se abran, tu corazón late y bombea sangre sin que tengas que encenderlo, tus pulmones se llenan de aire sin que tú tengas que inflarlos, la sangre circula por tus venas sin que tú tengas que inyectarla, y así todas y cada una de las funciones vitales de tu cuerpo, las cuales ocurren de forma perfecta y sin tu ayuda o intervención gracias a que la inteligencia de la creación se está haciendo cargo de ello.

Esa misma sabiduría universal es la que hace que el planeta no se caiga a pesar de que no está sostenido por nada, esa misma energía es la que hace que la lluvia descienda, que el viento sople, que el agua de los ríos corra entre las piedras, que las olas revienten, que las aves vuelen. Esa energía vital que se ocupa de todo lo que es y de todo lo que existe porque es omnipotente, no puede ser otra cosa más que Dios. Y es que por más incrédulos o ateos que seamos, basta contemplar la majestuosidad de un paisaje hermoso, la perfección del cuerpo de una mujer embarazada que se transforma y se adapta para albergar y preservar una vida, o la simplicidad de sentir el viento soplando en nuestro rostro, para darnos cuenta de que algo maravilloso, omnipotente e infinito nos creó y que nuestra existencia es parte activa de esa creación.

Sé que esto te puede parecer filosófico, pero te pido que por un momento te salgas de las cuatro paredes de tu mente, que cierres los ojos y te lleves las manos al corazón. Siente por un instante sus latidos y agradece la vida que hay en ti, entonces, reconócete por primera vez como lo que realmente eres: **un milagro de la creación a través del cual vive y se expresa el Creador.**

¡ERES NADA MÁS Y NADA MENOS QUE LA OBRA MAESTRA DE DIOS EN ACCIÓN!

Enterarme de eso me cambió la vida o, más bien, me la devolvió. ¿Cómo no amarme si soy creación y expresión de Dios?, ¿cómo no perdonar y perdonarme si tengo la compasión de Dios?, ¿cómo no confiar en mí y en mi propósito si poseo la sabiduría de Dios?

Finalmente, después de más de tres décadas de sufrimiento había encontrado mi camino. Ya no necesitaba ser monja ni tener una estampita de Jesús pegada detrás de la puerta de mi habitación. Tampoco necesitaba llevar un crucifijo colgado en mi cuello para ser una con Dios. Al fin, después de planificar mi propia muerte había entrado al cielo y lo hice estando más viva que nunca.

El poeta Rumi dijo: «No eres una gota en el océano. Eres el océano entero en una gota».

Para mí las implicaciones de esa frase son infinitamente poderosas, comenzando por el hecho de que debemos dejar de percibirnos como una minúscula e insignificante parte del universo y tenemos que comenzar a vernos como lo que en realidad somos: **una parte activa del universo**

en la que habita todo su poder. Somos el universo en forma humana. He ahí la explicación de la famosa frase que reza «tienes poder ilimitado», solo que ahora comprendo totalmente que no se trata de aquello que tenemos, sino de lo que somos.

Marco la diferencia entre «tener» y «ser» porque lo que poseemos está condicionado y es variable, un día estamos en posesión de ello, pero de pronto lo perdemos y todo acaba, en cambio, lo que somos no cambia ante nada y somos el total y absoluto poder de la creación existiendo y expresándose en forma humana a través de nosotros.

Hablando de «forma» quiero compartir contigo un ejemplo que uso en mis charlas y conferencias, el del hielo y el agua. La diferencia entre ambos es que una está en forma líquida y el otro está en forma sólida, sin embargo, no porque el hielo haya cambiado de estado ha dejado de ser agua. Lo mismo ocurre entre Dios y tú, no porque tú tengas forma humana has dejado de ser Él.

Nuestra existencia es tan maravillosamente perfecta que lo único que no muere cuando acaba nuestra vida es nuestro espíritu, y ¿sabes por qué? Porque cuerpo y mente es lo que tenemos, pero espíritu es lo que somos. He ahí la prueba de la eternidad de Dios, que una vez abandona nuestro cuerpo físico hace que este desaparezca, pero sigue viviendo en nuestro espíritu. Sí, nuestra vida acaba, pero nuestra existencia es infinita y eterna, como Dios, quien no deja de existir en nosotros ni siquiera después de nuestra muerte.

Estoy segura de que el concepto de que somos cuerpo, mente y espíritu no es nuevo para ti, pero casi me atrevo a asegurar que no te has detenido a pensar en ello, ¿o sí? No sé si sea tu caso, pero debo confesar que para mí la obviedad del asunto le restaba total importancia.

Evidentemente tenemos un cuerpo físico que nace, crece, se reproduce, se enferma, envejece y muere. Obviamente también tenemos una mente que nos hace pensar, dudar y tomar decisiones. También tenemos un espíritu que sigue vivo, aunque nuestro cuerpo muera, pero lo que jamás había visto era a mi mente como la que me genera las emociones que son las que me hacen sentir y vivir la experiencia de la vida, a mi cuerpo como lo que me permite sentir la vida, y a mi espíritu como aquello que me mantiene viva. Esa magnífica triada es lo que somos en toda nuestra extensión, existiendo y viviendo la experiencia humana en toda su expresión.

Aunque mi mente racional rechazaba la idea de que en mí habitara no solo el poder, sino también la sabiduría universal, comprendí que ese es precisamente nuestro mayor problema, que vivimos una vida mental y que la mente racional, esa a la que hemos sobreestimado, no tiene ni la menor idea de lo que somos en realidad por la sencilla razón de que no lo puede procesar, ya que no lo puede calcular, medir ni probar, por lo tanto, lo rechaza.

La mente humana todo lo mide según la «forma», pero lo que nosotros realmente somos viene de la «no forma», viene de lo inmensurable, de lo abstracto, de lo que es potencial absoluto e ilimitado. Viene de aquello que no es válido para ella porque no es visible ni medible y que, además, va en contra de nuestro condicionamiento, ese que está allí insertado a partir de ideas validadas por todo aquello que la humanidad, la religión, la cultura y la sociedad nos han enseñado, dictando reglas legales y morales, estrictas y precisas sobre lo que somos y no somos, sobre lo que debemos o no debemos ser y sobre lo que el mundo es o debería no ser. Pero basta salirnos de la mente y volvernos uno con nuestra esencia para darnos cuenta de que la vida es un misterio divino que va mucho más allá de lo lógico, de lo evidente y de lo racional, y que es precisamente por ello que nuestra mente lo rechaza, lo desecha, y lo hace porque, a pesar de ser maravillosamente extraordinaria, **«es limitada».**

La mente humana, esa en la que tanto confiamos y a la que le hemos otorgado el poder de dirigir nuestras vidas, no es capaz de procesar la realidad tal cual es, porque, de hacerlo, colapsaría. Para cumplir su función lleva a cabo su propio sistema de ahorro de energía y para ello hace tres cosas con toda la información que recibe: generaliza, distorsiona y borra. Es así como esta crea nuestra realidad personal, quedándose siempre con aquello que ya conoce.

Esa es la razón por la cual nosotros no vivimos la realidad, solo vivimos nuestro pensamiento acerca de ella. Todo, absolutamente todo lo que vivimos y experimentamos está filtrado y proyectado por nuestra mente. De hecho, la tan famosa ley de la atracción simplemente obedece a nuestro funcionamiento mental.

Sí, todos tenemos en nuestro cerebro algo llamado Sistema Activador Reticular Ascendente (SARA), que está encargado de mantenernos alertas y que además de actuar como un radar, enfocándose en aquello que considera importante, filtra la información que es útil para nosotros.

Una anécdota personal que tengo con respecto a eso fue que, en el año 2013, cuando estábamos en vísperas de mudarnos de Miami hacia Dallas, a cada rato veía en la calle placas de autos de Texas, siendo que estábamos en la Florida. Recuerdo claramente cuando le dije a mi esposo: «Esto es una señal de que estamos haciendo lo correcto», cuando en realidad solo se trataba de mi SARA cumpliendo con su labor de mostrarme aquello en lo que estaba inmensamente enfocada en ese momento.

De nuevo, mi intención no es invalidar la ley de la atracción, solo quiero darte información clara y precisa sobre tu funcionamiento psicológico para que la utilices a tu favor. Después de todo es mucho más probable que logres tu meta si te enfocas en ella y trabajas intensamente para lograrla, que dejándola plasmada en el mapa de visualización que hiciste a finales del año pasado.

Sydney Banks decía: «Nuestros pensamientos son la cámara, nuestros ojos son el lente. Ponlos juntos y la imagen que vemos es la realidad».

SABIDURÍA UNIVERSAL

El entendimiento de esa experiencia que estaba viviendo fue lo que me sacó del infierno y me apartó de la guerra mental en la que vivía. Además, me permitió utilizar la herramienta más poderosa y a la vez más ignorada que tenemos: «nuestra sabiduría», la misma de Dios, pues, si somos Él, también somos lo que Él es.

Nuestro espíritu, eso que verdaderamente somos en esencia, es la conexión con la sabiduría universal, esa que nos hace ser infinitamente creativos e ilimitadamente poderosos, y cuando empezamos a explorar nuestra verdadera naturaleza, nuestra «realidad» o, más bien, nuestra experiencia de vida, cambia porque dejamos de volvernos marionetas de las situaciones que vivimos.

¿Te has dado cuenta de cuánto esfuerzo y tiempo desperdiciamos tratando de cambiar nuestras circunstancias para poder ser más felices? Pero no es nuestra culpa porque si una cosa nos han venido enseñando de un tiempo para acá es que «si no te gusta algo, cámbialo». No es que eso esté mal, de hecho, parte de nuestra naturaleza evolutiva es cambiar y mejorar aquello que no nos deja crecer, pero cuando creemos que las circunstancias son las que determinan la calidad de nuestra vida, nos volvemos esclavos de ellas. Mientras nuestra felicidad siga supeditada a lo que nos ocurra, y si creemos que lo que nos pasa es la realidad de la vida, no saldremos nunca de la trampa de querer cambiar y solucionar nuestras situaciones para poder vivir bien, triunfar y ser felices.

Nuestro bienestar no depende de cambiar lo que ocurre afuera, sino de entender lo que sucede dentro de nosotros. Saber que somos uno con Dios y que en nosotros habitan todos los recursos y la sabiduría que necesitamos para llegar a lograr la vida que queremos es algo que nos genera felicidad, tranquilidad y bienestar, y ¿sabes por qué? Porque dejamos de vivir sobre la base de un montón de ideas validadas, nos apartamos de la mente y nos adentramos en nuestro ser, ese que tiene las respuestas que buscamos.

El reto es aprender a conectar con nuestra sabiduría y aprender a diferenciarla del pensamiento. El pensamiento es simplemente eso, un montón de ideas que se generan en la mente y toman forma con un sentido lógico y racional, y que, además, le dan origen a las emociones que sentimos.

Mucho se ha dicho que para cambiar la calidad de nuestra vida debemos cambiar la calidad de nuestros pensamientos y es allí donde entra el tan trillado tema del pensamiento positivo. Entonces, pareciera que el asunto es bastante fácil, pues, se trata simplemente de cambiar un pensamiento negativo por uno positivo, pero al igual que ocurre con el cambio de las creencias limitantes por potenciadoras, cuando nos vamos a la práctica nos damos cuenta de que no es tan sencillo y es aquí donde volvemos a caer en una guerra mental porque tenemos pensamientos que luchan en bandos contrarios.

Nuestro pensamiento promotor, ese que da origen a todos los demás, está tan profundamente arraigado en nuestro subconsciente que nos resulta prácticamente imposible llegar allí para modificarlo. Intentar hacerlo a fuerza de repeticiones y afirmaciones puede generarnos un terrible ruido mental que lo único que nos va a dar es un mayor aturdimiento y un desgaste de energía que terminará por acabar totalmente con nuestra estabilidad y bienestar.

Cambiar un pensamiento con más pensamientos no nos calma, no lo neutraliza ni mucho menos lo debilita, todo lo contrario, porque si a algo le damos más de lo mismo lo fortalecemos y lo agrandamos, ¡así de simple!

No quiero decir con esto que nosotros no tengamos que hacer nuestro trabajo con respecto a nuestros pensamientos, pero más que cambiarlos, de lo que se trata es de hacernos conscientes de ellos y de darnos cuenta de que la emoción que estamos sintiendo obedece perfectamente a eso que estamos pensando, solo entonces podemos identificar nuestros pensamientos y tomar distancia de ellos.

El efecto de nuestros pensamientos es tan poderoso que, si nos metieran en un cuarto cálido y agradable sin que nada ni nadie nos perturbe y sin que, además, corramos ningún peligro, en el momento en el que nuestra mente genere pensamientos de miedo sentiremos temor e inclusive hasta pánico, a pesar de que estamos completamente a salvo.

Igualmente sucede en caso contrario, podemos estar siendo sometidos a las peores situaciones, pero si nuestros pensamientos son de tranquilidad experimentaremos calma, porque realmente no es la realidad lo que experimentamos, sino nuestro propio pensamiento personal.

Un ejemplo de ello es el caso del Dr. Viktor Emil Frankl, un filósofo austriaco, neurólogo, psiquiatra y además padre de la logoterapia, quien fue secuestrado junto a su esposa en el año 1942 y fueron llevados a un campo de concentración

Nazi. El Dr. Frankl, luego de haber sobrevivido a las terribles situaciones a las que fue expuesto por tres años durante el Holocausto, escribió lo siguiente haciendo referencia a sus pensamientos: «No sabía si mi mujer estaba viva, ni tenía miedo de averiguarlo, pero para entonces ya había dejado de importarme, no necesitaba saberlo, nada podía alterar la fuerza de mi amor, de mis pensamientos o de la imagen de mi amada».

Queda claro que para el doctor Frankl lo que lo llevó a soportar las terribles condiciones de los campos de concentración fue su fortaleza al lograr que sus pensamientos se mantuvieran inalterados a pesar de las terribles circunstancias que estaba viviendo, y esta otra frase escrita por él lo comprueba: «Nuestra mayor libertad humana es que, a pesar de nuestra situación física en la vida, ¡siempre estamos libres de escoger nuestros pensamientos!».

Pero el doctor Frankl también hace referencia a nuestra naturaleza espiritual como la fuerza que nos sostiene incluso en nuestros peores momentos, y con esta otra frase escrita por él nos lo muestra: «La conciencia del amor propio está tan profundamente arraigada en las cosas más espirituales, que no puede arrancarse ni viviendo en un campo de concentración».

Es indudable que para poder transitar efectivamente por este camino llamado vida, tenemos que aprender sobre nuestra dualidad, solo así podremos utilizar los recursos que tanto nuestra naturaleza espiritual como la humana nos ofrecen.

La clave está en la forma en la que interactuamos con nuestra mente y aquí es donde entra la efectividad de nuestra intervención en el asunto. No podemos elegir como tal lo que pensamos, ya que no tenemos control sobre los pensamientos que van y vienen en nuestra mente, tanto es así que en un día podemos tener hasta 70 000 pensamientos, de modo que sería bastante poco realista querer controlarlos y cambiarlos, pero lo que sí podemos hacer es escoger los pensamientos en los que nos enfocamos, ya que «donde está nuestro enfoque está nuestra energía y por ende es allí donde se generan los resultados».

Una forma de desconectarnos de ciertos pensamientos, especialmente de aquellos que nos generan miedo, es ponernos por encima de ellos al preguntarnos si realmente eso que estamos pensando es verdad y si tenemos la certeza de que eso que está pasando por nuestra mente realmente ocurrirá. Eso nos ayudará a ganar la perspectiva correcta y nos traerá al momento presente, interrumpiendo así la proyección que estamos haciendo hacia el futuro, pues, «sufrimos más por lo que nos imaginamos que por lo que realmente ocurre», interpretando a Séneca cuando dijo: **«A menudo estamos más asustados que heridos, y sufrimos más en nuestra imaginación que en la realidad**».

Ya es hora de que dejes de creer que eres «lo que piensas» y comiences a entender que eres «el que piensa», y es que, si somos sinceros, hasta ahora hemos vivido una vida en la que nuestra mente nos ha tenido a nosotros, siendo que tanto biológica como físicamente somos nosotros los que tenemos una mente. Saber esto nos devuelve el poder. Sin embargo, para que en nosotros ocurra un verdadero cambio en la calidad de nuestros pensamientos, debe darse una elevación de conciencia. Mientras más elevada esté nuestra conciencia menos pensamientos negativos se generan en nuestra mente y los que aparezcan serán ignorados por nosotros con mayor frecuencia y facilidad.

Alguna vez Sydney Banks dijo: «Mira dentro de tu propia conciencia, porque aquí está la respuesta a todos los problemas de la humanidad».

La elevación de nuestra conciencia no es algo que podamos crear de forma voluntaria, es decir, no es que podemos despertar una mañana y decidir que elevaremos nuestra conciencia para poder tener un buen día en el trabajo que odiamos y para conseguir el dinero que nos falta para pagar la renta. Aunque, siempre tenemos la posibilidad de volver a nuestra verdadera esencia, es decir, al estado de bienestar desde el cual fuimos creados y en donde está nuestra conciencia más elevada.

Una buena manera de lograrlo es haciendo aquello que más resuene con nosotros, ya sea orar, meditar, repetir mantras, escuchar música de relajación, practicar respiración diafragmática o cualquier otra cosa que nos funcione más allá de la supuesta efectividad de la técnica, porque lo que aquí verdaderamente importa es que recuerdes que ninguna de ellas es la solución a tu problema, sino el vehículo para elevar tu conciencia y así regresarte a tu esencia para que puedas volver a conectar con tu sabiduría interna y obtener así la fuerza y la guía que necesitas cuando estés pasando por alguna tribulación, porque si de algo podemos estar seguros es que la vida siempre nos presentará esas situaciones retadoras y difíciles a las que llamamos problemas, pero que en realidad son oportunidades disfrazadas de miedo y dolor que nos hacen crecer y evolucionar. Es allí, cuando la estamos pasando mal, que debemos recordar que no estamos solos y que algo muy inmenso y poderoso nos sostiene.

Gran parte de nuestros problemas es que creemos que Dios está con nosotros únicamente en lo bueno, pero esa es otra ilusión mental. Dios está en lo bueno y en lo malo, está en la felicidad y en la tristeza, así como también está en la vida y en la muerte, simplemente porque está en absolutamente todo lo que somos y en todo lo que vivimos.

Hay quienes aseguran que como Dios no puede experimentar el mundo directamente, lo hace a través de nosotros. Eso, al igual que conocer lo que hay más allá de la muerte es algo que no te puedo asegurar porque no me consta, sin embargo, y solo en caso de que sea cierto, me gustaría invitarte a regalarle a Dios una experiencia de vida lo más maravillosa posible, de modo que una hermosa manera de hacerlo es cumpliendo nuestros sueños, pues, fue Él quien los puso en nosotros, así que no encuentro una mejor forma de honrarlo y agradecerle por habernos dado la vida.

Dicen que la mente tiene el poder de volver tangibles los deseos del corazón. Eso es verdad, pero es nuestra sabiduría la que nos muestra el verdadero camino.

Aquí es donde aparece la pregunta del millón de dólares: ¿cómo logramos el acceso a esa sabiduría? Lamento decirte que la respuesta suele ser bastante poco atractiva debido a su falta de practicidad. Como bien sabes, a tu mente le encantan los procesos, las metodologías y los paso a paso, así que lo que te voy a decir puede resultar bastante decepcionante. La buena noticia es que de lo que estamos hablando es precisamente de dejar de trabajar con la mente para comenzar a utilizar nuestra inteligencia divina.

La sabiduría es nuestro estado natural de bienestar y de conexión con lo divino, es decir, con la «no forma», por lo tanto, no se expresa como el pensamiento, pues, este ya ha tomado una forma en nuestra mente. La sabiduría universal se manifiesta en nosotros como un sentir diferente. Más que una emoción es una sensación que puede ser de esperanza, calma, tranquilidad o certeza.

Sea lo que sea, la sabiduría jamás te llevará a un sentimiento negativo. Con esto no quiero decir que conectándonos con la Divinidad vamos a ser inmunes al dolor o al sufrimiento, la verdad es que ambos son parte de la vida y son necesarios para crecer como personas. Lo que quiero decir, y debo dejarlo totalmente claro, es que nuestra sabiduría siempre nos mostrará el camino y nos enseñará la verdad, por dolorosa que sea, brindándonos claridad y fuerza para continuar, pues, nos dejará saber qué es lo mejor para nosotros, por difícil que sea.

Existe una sola forma de conectar con nuestra sabiduría y es tomar distancia de nuestro pensamiento, debido a que es allí exactamente donde comienza la separación.

Nosotros, antes de soñar con lograr algo sabemos que podemos lograrlo, eso lo cambia nuestra mente, ya que se mete en el proceso y nos hace dudar diciéndonos lo contrario. He ahí la importancia de aprender a tomar distancia de nuestros pensamientos limitantes, más que querer cambiarlos.

Te preguntaré algo que te hará reflexionar, ¿acaso has visto alguna vez a un niño que está aprendiendo a caminar que deje de intentarlo solo porque se cayó? ¡No!, simplemente se levanta y vuelve a tratar de hacerlo una y otra vez hasta lograrlo porque **sabe que puede hacerlo.** Él no tiene ese pensamiento limitante en su mente diciéndole que no lo logrará y que la mejor manera de no fallar es no intentarlo.

¿No se te hace muy curioso que un niño pequeño no requiera de *coaching* ni de reprogramación mental para lograr sus objetivos y que nosotros los adultos necesitamos todo tipo de ayuda, cuando se supone que estamos más «avanzados» que ellos? La diferencia es que los niños están superconectados con su esencia, son sabiduría pura y por ende experimentan a plenitud su potencial ilimitado. Los niños no saben que no saben, por lo tanto, siguen tratando hasta lograrlo, llegando al punto en el que ya ni siquiera se dan cuenta de que saben.

Pero ¿cómo se manifiesta en nosotros la sabiduría cuando ya somos adultos? Lo hace a través de un sentir diferente al que estamos acostumbrados en nuestro día a día, es una emoción que nace de nuestro pecho y que se muestra de forma sublime y agradable. Es como una sensación de tibieza que nos abraza y nos brinda seguridad porque nos hace sentir protegidos.

Nuestra sabiduría se hace presente en nosotros a través de muchas formas, una de ellas es cuando algo simplemente resuena en nosotros y despierta eso que llamamos intuición o «sexto sentido», mostrándonos el siguiente paso a dar de forma orgánica, natural, más allá de la lógica y la racionalidad. Es eso que ocurre en nosotros cuando decimos «algo me dice que...», y que cuando decidimos hacerle caso nos da tranquilidad.

También se hace presente por medio de esos momentos de revelación y despertar internos conocidos como «insights» o «ajá moment» que ocurren en nosotros cuando nos damos cuenta de alguna cosa de forma inesperada, o sea, como cuando algo cobra sentido dentro de nosotros inexplicablemente y nos deja ver más allá.

En contraste con nuestro pensamiento, el cual se hace sentir a como dé lugar, la inteligencia universal que habita en nosotros se muestra como una «vocecita» suave y tenue a la que no escuchamos demasiado, porque, a diferencia del contenido de nuestra mente, no nos grita, sino que nos abraza como un susurro que nos guía, tampoco se impone, pues, desde su infinito amor hacia nosotros nos da la libertad de elegir, sin embargo, no deja de estar allí ni un solo instante.

Me gustaría invitarte a que recuerdes al menos un momento de tu vida en el que te hayas sentido «guiado» por algo «superior» a ti. No tiene que ser un gran momento ni una situación trascendental, recordemos que la inteligencia universal está en todo, la idea es que recuerdes ese momento en el que tomaste una decisión, grande o pequeña, eso no importa, lo que interesa es que lo hiciste porque algo en ti te dijo que era la decisión correcta, aunque no fuera la más lógica o la «mejor».

Una vez que tengas claro ese momento en el que te dejaste guiar por la Divinidad, te invito a cerrar los ojos y a revivirlo con todos tus sentidos. Disfrútalo, gózalo, siente lo que estabas sintiendo en ese instante, respira como respirabas en ese momento, guárdalo y atesóralo dentro de ti para que la próxima vez que aparezca puedas reconocerla más fácilmente.

Estoy segura de que a partir de ahora que te has hecho consciente de ella y de cómo se siente, podrás identificarla cada vez con mayor facilidad y con la plena seguridad de que siempre estará ahí para ti. Ahora permítele que te muestre tu camino al éxito y a la felicidad, porque eso es exactamente lo que te corresponde.

LA FELICIDAD, EL ÉXITO Y LO QUE NOS APARTA DE ELLOS

Desde que nacimos estamos escuchando que la vida es dura, que el dinero es malo, que el éxito es solo para unos cuantos, que «más vale pájaro en mano que cien volando, que es mejor malo conocido que bueno por conocer, que hay que arroparse hasta donde alcance la cobija, que un buen trabajador es aquel que se mata trabajando, que una buena madre es aquella que se saca el pan de la boca para dárselo a sus hijos, que el amor es sacrificio, que no podemos tenerlo todo...», en fin, cualquier cantidad de atrocidades y mentiras que fueron sembradas en nuestra mente y que lamentablemente echaron raíces tan fuertes que nos impiden volar hacia lo que por derecho divino nos corresponde: una vida de plenitud, felicidad y éxito.

La verdad es que «estamos condicionados», es decir, hemos sido programados para vivir una vida mediocre o, en el mejor de los casos, promedio. Sin embargo, por alguna razón que desconocemos y que va más allá de una tendencia positivista y de liderazgo, **todos instintivamente buscamos la felicidad y todos deseamos ser exitosos.**

Ciertamente, felicidad y éxito son conceptos muy abstractos y personales, por eso mismo fue que Dios, desde su infinita sabiduría, nos dio individualmente todo lo que necesitamos para alcanzarlos a nuestra forma, además, puso en el universo y a nuestra total disposición todos los recursos para lograrlo. Es aquí donde cabe perfectamente la pregunta: ¿por qué no todos alcanzamos la felicidad y el éxito?

La verdad es que no tengo esa respuesta porque los motivos pueden ser muchos o, más bien, demasiados. El éxito, por ser algo subjetivo, involucra procesos individuales como el condicionamiento mental en el que habitan las creencias limitantes que cada persona debe romper para lograr sus objetivos, por vivir desde nuestro condicionamiento mental de escasez y miedo al fracaso nos hemos separado de lo que realmente somos y nos hemos convertido en lo que pensamos, lo cual nos ha llevado a desviarnos del camino hacia nuestro destino. Dicho de otro modo, por vivir en nuestra mente estamos viviendo una vida que no es la que nos corresponde.

Creo que uno de los peores errores que estamos cometiendo en esta era sobre empoderamiento es que estamos tergiversando el significado del éxito y lo estamos buscando en el lugar equivocado, ya que lo vemos solo como el logro de los objetivos que en un momento determinado nos planteamos, sin importar el lugar del que partimos cuando fijamos nuestras metas, lo que ha creado una guerra voraz con nosotros mismos y contra el mundo.

Hay dos tipos de metas, **las de la mente y las del ser.** Las de la mente son las que nos hacen sentir ganadores y satisfacen nuestro ego. Las metas del ser son las que están relacionadas con nuestra misión de vida y alimentan nuestro espíritu.

Hoy en día nos importa más ser ganadores que felices, porque creemos que ganar será lo que nos dará la felicidad, cuando en realidad es todo lo contrario. Si las metas que nos planteamos no están alineadas con nuestra misión de vida, no solo nos costará más cumplirlas, sino que, al hacerlo, si es que lo hacemos, solo nos darán una satisfacción temporal que nos dejará una sensación de haber quedado incompletos y probablemente más vacíos de lo que estábamos antes de comenzar, esto solo alimentará nuestra frustración.

El éxito, para que realmente lo sea, tiene que venir acompañado de un **sentimiento de realización interna** que se da gracias al cumplimiento de algo realmente deseado, pero no por el ego, sino por el espíritu, y para que ese sentimiento sea pleno y verdadero tiene que provenir de un estado de **contribución con los demás.** Si este no beneficia a otros la felicidad será efímera, por lo tanto, no se puede llamar éxito.

«El éxito, como la felicidad, es el efecto secundario inesperado de la dedicación personal a una causa mayor que uno mismo» Viktor E. Frankl.

La felicidad, el éxito y nuestra misión de vida están directamente relacionados e interconectados, así que no hay forma de alcanzar uno sin el otro; he ahí el maravilloso obsequio que Dios nos dio cuando nos dio el precioso regalo de la vida...

Cree la verdad de lo que eres y serás invencible. Cree las mentiras de tu mente y te volverás débil e inseguro. Esa es para mí la única y posible explicación de la famosa frase «si lo crees, lo creas».

Si en este momento de tu vida estás en busca de una transformación, quiero decirte que vas por buen camino, siempre y cuando tengas la total y absoluta certeza de que puedes lograrlo, pero si no estás en ese punto es un buen momento para detenerte a reflexionar antes de avanzar y la forma de hacerlo es preguntándote: ¿esto que deseo es solo una idea lejana que quizás algún día pueda lograr?, ¿es un reto que deseo superar solo para demostrar que sí puedo?, ¿es una decisión tomada y estoy comprometido y dispuesto a hacer lo que tenga que hacer para lograrlo? Las respuestas a esas preguntas te mostrarán exactamente en dónde estás, cosa que te ayudará a ganar perspectiva con respecto al siguiente paso a dar, lo cual es importante, porque lo que te llevará a obtener resultados será la toma de acción masiva, cosa que la mayoría de las personas no hacen por miedo.

Por eso es importante entender desde dónde estamos partiendo cuando nos planteamos un objetivo, pues, la verdad de nuestra naturaleza evolutiva es que cuando algo nace desde nuestras entrañas, cuando una meta no se genera en nuestro ego sino en nuestro espíritu, **somos absolutamente invencibles** y es cuando la voluntad, el esfuerzo, la disciplina y la perseverancia que tanto se mencionan entre las claves para alcanzar el éxito se manifiestan en nosotros de forma orgánica, convirtiendo los sacrificios simplemente en aquello que debemos hacer o dejar de hacer para llegar a nuestra meta, por lo tanto, lo hacemos más por gusto que por obligación, ya que nos mueve más el amor que la fuerza de voluntad.

Si alguna vez has sentido pasión por algo sabes de lo que te estoy hablando, me refiero a esa ilusión que te hace levantarte temprano y a esas ganas de trabajar por tu sueño. Todo eso nace desde tu ser, ya que viene de eso que no se piensa, pero se siente, eso que te motiva, que te mueve, que te impulsa y que te guía, esa fuerza que no puede ser otra que la que proviene del espíritu de un guerrero que lo da todo en esa batalla que sabe que ganará, aunque le cueste algunas heridas, que, por cierto, desde su inmensa sabiduría, también sabe que sanarán.

«El éxito es la consecuencia de una serie de acciones efectivas que se repiten día tras día hasta convertirse en hábito», pero eso no será posible si no damos el primer paso. Ese que es el más difícil porque implica dar un salto de fe y requiere que creamos en aquello que no vemos, de apoyarnos en la inteligencia divina que poseemos y de utilizar el potencial infinito que somos, así que tenemos que dejar de vivir solo en nuestra mente porque el precio que estamos pagando es demasiado alto; lo que está en juego es nuestra felicidad.

Para ello debemos entender que «el trabajo de la mente no es ayudarnos, sino mantenernos a salvo», por eso es más que absurdo pretender encontrar información que nos lleve a un nuevo destino si la buscamos en el lugar que almacena únicamente información que a como dé lugar busca mantenernos exactamente en donde estamos, **creando miedos irreales que se sienten como verdaderos.** Es como colocarle al GPS siempre la misma dirección y pretender que nos lleve a un destino diferente.

Lo curioso es que en vez de devolvernos a nuestra esencia para encontrar la dirección que necesitamos, nos revolcamos en nuestra mente buscando allí las respuestas que no van a aparecer a menos que haya una elevación de nuestra conciencia. Entonces, al no encontrar lo que buscamos caemos en el terrible error de pensar que hay algo mal en nosotros y que somos el problema, lo que a su vez nos hunde en la trampa de la búsqueda de la técnica superpoderosa y perfecta que nos arregle a nosotros y solucione nuestros problemas para así, algún día, convertirnos en quienes no sabemos que ya somos.

Quiero aclarar que no es que haya nada de malo en las técnicas de autoayuda y crecimiento personal que ya todos conocemos, solo que debemos hacernos conscientes de que de nada sirven si no entendemos primero nuestra dualidad humana/espiritual y si no usamos ese entendimiento para afianzar la certeza de que **podemos lograr eso que por derecho divino nos corresponde** y así tomar acción masiva para poder obtener los resultados deseados.

Para mí, como *coach,* la diferencia es bastante clara: **«el poder está en nosotros», no** en la técnica que utilizamos para cumplir la meta, no obstante, debemos saberlo, comprenderlo y creerlo antes de comenzar el camino, porque de lo contrario nada, ni la más poderosa de las técnicas de crecimiento personal, nos funcionará, y un ejemplo de ello es que es totalmente absurdo que yo me repita a mí misma cada mañana frente al espejo setenta veces siete que «soy un ser maravilloso y tengo dentro de mí todo lo que necesito para lograr la vida de mis sueños», si por no creerlo de verdad, cuando salga de mi casa me voy al mismo trabajo que odio, al cual no renuncio por miedo a no conseguir uno mejor y sigo haciendo lo mismo para ganar la misma cantidad de dinero que no me alcanza, pues, simplemente no creo que exista otra posibilidad para mí.

Cuando la fe la ponemos en la técnica y no en nosotros, llevamos las de perder, debido a que todo aquello que sea externo a nosotros nos dará impulso, más nunca será suficiente como para hacernos llegar hasta el final. Eso es exactamente lo que sucede con la motivación, que solo nos hace arrancar y no dura tanto como para mantenernos impulsados durante todo el proceso.

Una vez, estando en México, en una convención de *coaching* escuché a una de mis mentoras decir: «Todo lo que crees que te falta es simplemente pensamiento que te sobra». Allí entendí muchas cosas, especialmente esa maravillosa y misteriosa dualidad entre el «ser» y el «hacer» que nos conforma. **Nuestro ser está totalmente completo, pero cuando integramos el hacer, lo mutilamos con nuestros miedos.**

Lo que realmente nos va a acompañar a lo largo del camino dándonos fuerza para continuar a pesar de los obstáculos es la confianza en nosotros mismos. La fe es la que nos lleva a encontrar la certeza que necesitamos para lograr nuestras metas y, aunque «la fe sin acción es pura ilusión, la acción sin fe es autodestrucción».

El secreto está en tomar acción masiva, en arriesgarnos, en actuar a pesar del miedo y hacer lo que nos toca más allá de los resultados, comprendiendo que si lo que hicimos nos llevó, o al menos nos acercó a lograr lo que deseábamos, entonces, habremos hecho lo correcto y ganaremos más confianza en nosotros mismos. Si, por el contrario, los resultados no fueron los deseados, entonces, también hicimos lo correcto, ya que, lejos de fracasar, habremos aprendido una nueva forma de no hacerlo. Siempre, absolutamente siempre, debemos tener la convicción de que podremos encontrar, o incluso crear, la manera de lograr nuestro objetivo.

Para que los seres humanos tomemos acción masiva debemos tener certeza y la única forma de hacerlo es adoptando la más absoluta, irrefutable y poderosa verdad universal que existe: **fuimos creados para tener una vida extraordinaria de plenitud, felicidad y éxito, y tenemos absolutamente todo para lograrlo, tanto dentro de nosotros como fuera, porque ya todo está hecho por la inteligencia universal, esa que no comete ni admite errores y de la cual somos creación y a la vez manifestación.**

¡He ahí el principio de abundancia universal de la cual somos parte activa!

El universo es perfecto y nosotros también lo somos, y eso es precisamente lo que hay que recordarle a nuestra mente cada vez que nos haga dudar, por eso te invito a que adoptes esa nueva creencia como el principio más básico de tu existencia. Me refiero a que la tomes como tu creencia principal, como tu creencia base, es decir, que, si tu mente pudiera albergar solamente una creencia, solo una, si fuera esa y únicamente esa, te insto a tomar distancia de lo que hasta hoy han sido tus límites mentales y que dejes de creer cualquier cosa que sea diferente de tu perfección y tu grandeza. ¿Cómo?, regresando a lo básico, simple y elemental, así como cuando dejaste de creer en el «Coco», en el monstruo del clóset, en el niño Jesús o en Santa Claus simplemente porque a pesar de que para ti fueron reales durante años, cuando te enteraste de que eran mentira dejaste de creer en ellos.

Pues, esto es exactamente igual, tienes que dejar de creer en tus límites, así como la mentira de que la vida es un constante sacrificio, que para ser buenos hay que sufrir, que la verdadera felicidad no existe, que el dinero es malo y que el éxito es solo para algunos, y comenzar a creer la verdad de que «fuiste hecho con un propósito maravilloso, que tienes absolutamente todo para lograrlo» y lo que te falta se te irá presentando en el camino porque «ya todo ha sido creado» y estás aquí para tener una vida extraordinaria.

Sí, el éxito requiere de sacrificio, de disciplina, constancia, perseverancia y voluntad, pero ¿acaso todas esas virtudes no son innatas en ti cuando haces lo que amas?

¡Naciste para triunfar! Haz que cada paso del camino sea eso que te acerca a tus sueños, así vivirás tu estado de conciencia más elevado, ese que solo se siente cuando experimentas la paz.

IV
LA PAZ

En medio del odio me pareció que había dentro de mí un amor invencible. En medio de las lágrimas me pareció que había dentro de mí una sonrisa invencible. En medio del caos me pareció que había dentro de mí una calma invencible. Me di cuenta, que, a pesar de todo, en medio del invierno había dentro de mí un verano invencible. Y eso me hace feliz porque no importa lo duro que el mundo empuje en mi contra, dentro de mí hay algo mejor empujando de vuelta.

Albert Camus

LA VIDA ES UNA EXPERIENCIA

Durante todo el tiempo en que viví en guerra conmigo y con la vida estaba totalmente convencida de que solo la muerte me traería la paz que tanto anhelaba. Esa creencia permaneció en mí por bastante tiempo, incluso, luego de haber decidido permanecer viva. Sé que muy probablemente te estás preguntando: «¿cómo es que aún en este punto, luego de haber encontrado el lado hermoso a la existencia, pensaba en el suicidio?». La respuesta es simple: «nada en esta vida, o casi nada en ella, se resuelve como por arte de magia», más aún, tratándose de nuestros procesos psicológicos/emocionales.

Además, mi intención no es hacerte parecer que la vida es fácil y justa, porque, de hecho, no lo es y nunca lo será, pues, como ya te he venido diciendo, a pesar de que somos seres espirituales perfectos y completos, estamos viviendo una experiencia humana que está llena de altos y bajos, de risas, de llantos, de momentos buenos y malos, y eso no cambiará jamás mientras estemos vivos.

El reto no es cambiar eso, se trata más bien de aprender a estar en paz a pesar de ello. La clave está en comprender que la vida no es un problema para resolver, sino **una experiencia para vivir** y que depende únicamente de nosotros vivirla lo mejor posible, ya que tenemos todo para lograrlo. Albert Einstein dijo: «Hay dos maneras de vivir la vida: una como si nada es un milagro, la otra como si todo es un milagro».

Aun cuando mi existencia estaba siendo mucho más hermosa que antes, los episodios de ansiedad y depresión se hacían presentes cada cierto tiempo, y a pesar de que ya no eran tan fuertes, no dejaban de hacerme daño. Al principio los controlaba mejor, pero luego me fui cansando de luchar contra ellos, mantener la paz que poco a poco había logrado experimentar se volvió una tarea imposible de cumplir.

Con el tiempo entendí que, así como tenemos costumbres de comportamiento, también tenemos hábitos de pensamiento que crean en nosotros patrones emocionales, lo cual tiene total sentido si recordamos que la mente funciona quedándose dentro de aquello que ya conoce. La mía estaba demasiado acostumbrada a vivir en el caos, el dolor y el miedo, siendo todos esos pensamientos la receta perfecta para mi desastre emocional. Después de todo, vivir atrapada en un pasado terriblemente triste no podía generarme otra cosa más que depresión, y la idea de crear un futuro igual de doloroso me llenaba de angustia y ansiedad.

Como aprendizaje de todo esto solo puedo compartir contigo que cuando tu yo del futuro se basa en tu yo del pasado vivirás exactamente con las mismas emociones que ya conoces. Por ello es extremadamente importante que aprendamos a romper nuestros hábitos mentales, cosa que no es precisamente fácil, ya que, como dijo Albert Einstein: «Ningún problema puede ser resuelto en el mismo nivel de conciencia en el que se creó». Entonces, ¿cómo resolver mis eventuales ganas de matarme desde los mismos pensamientos que me llevaban a querer hacerlo?

No puedo decir que encontré la fórmula mágica, pero digamos que sí conseguí un poco de paz al aceptar que con cierta frecuencia tendría mis etapas suicidas, sin embargo, no me resigné a vivir así, sabía que esa vida no era la que me correspondía, por lo que también tenía la esperanza de que quizás en el momento menos pensado y en la forma más inesperada, obtendría la respuesta que me iba a sacar de ese círculo depresivo.

No me equivoqué...

Te contaré algo que te resultará insólito, porque realmente lo es, aunque te juro que fue verdad, de hecho, no recuerdo exactamente el día, pero sí sé que ocurrió en abril del 2017.

En la vía hacia mi casa quedaba un cementerio y por alguna extraña razón yo siempre volteaba a mirarlo. Me parecía muy feo y al mismo tiempo interesante, siendo sincera, debo confesar que en mis peores picos de dolor emocional llegaba a sentir envidia de quienes estaban allí enterrados y descansando en paz, literalmente. Entonces, la idea del suicidio volvía a hacerme cosquillas.

Un día, yendo hacia mi casa, como de costumbre, volteé a ver el cementerio, solo que esta vez ocurrió algo que llamó enormemente mi atención. En una de las calles internas que conducía hacia las tumbas había una mujer tirada en el pavimento. Sin saber absolutamente nada de lo que estaba ocurriendo decidí devolverme y entrar al cementerio. Al bajarme del carro las piernas me temblaban mientras caminaba hacia lo que yo pensé que era un cadáver, en cambio, a medida que me iba acercando podía ver que la mujer estaba viva.

Se trataba de una chica joven, quizás de unos veintidós años. Era una hermosa pelirroja que agonizaba mientras su vida se apagaba. Ella de vez en cuando lograba abrir los ojos a pesar de que su respiración se debilitaba y su piel palidecía con bastante rapidez. Llamé al 911 y mientras llegaba la ayuda, aunque yo no tenía ni idea de qué hacer, me acerqué a la chica y comencé a decirle:

—Tranquila, todo va a estar bien. Respira, no te rindas... Todo va a estar bien. Aguanta que ya viene la ayuda, por favor, no te rindas.

Enseguida llegó la ambulancia y las patrullas de policía. Obviamente se formó un caos que, si en un lugar normal no hubiese pasado desapercibido, en un cementerio mucho menos. Estando la chica tirada aún en el pavimento y mientras los paramédicos le brindaron los primeros auxilios, llegó un hombre, supongo que guiado por el bullicio y las luces de las patrullas. Nunca dijo quién era, solo se acercó de forma agresiva a la chica y la agarró por el cabello mientras la insultaba llamándola estúpida. Por supuesto, la policía lo apartó de la muchacha y le preguntaron si la conocía. Él respondió afirmativamente diciendo que la chica se llamaba Hanna y que no era la primera vez que intentaba suicidarse. Todavía con vida, subieron a Hanna a la ambulancia, pero una vez que se la llevaron no supe más de ella. Hasta el día de hoy no sé si sobrevivió.

Debo confesar que desde mi mentalidad suicida me cuestioné si intentar salvarle la vida había sido lo correcto, después de todo, ¿quién era yo para cambiar sus planes y obligarla a quedarse en un mundo que obviamente la había dañado hasta el punto de ya no querer seguir viviendo en él?, pero la verdad es que mi mayor deseo era que sobreviviera.

Para mí esa fue una experiencia extremadamente fuerte. Pasé algunas semanas con estrés postraumático, no sé si por lo ocurrido o por el hecho de que, en la medida en que pasaban los días, la imagen de Hanna muriendo se repetía en mi mente una y otra vez. No con su cara, sino con la mía, por más que lo intentaba no lograba recordar su rostro. En mi mente no era Hanna la que estaba muriendo frente a mí, era yo la que estaba perdiendo la vida, así como también era a mí a la que veía diciéndome que todo iba a estar bien y que por favor no me rindiera.

Un tiempo después llegó la lección. A través de un nuevo *insight* me di cuenta de que haber visto esa chica tirada en el pavimento no era casualidad, incluso, probablemente mi hábito de mirar hacia el cementerio tampoco lo era.

Lo que ocurría era que la vida, desde su inmensa sabiduría y en su continuo intento por ayudarme, me puso en esa circunstancia para mostrarme que yo no quería suicidarme y que verdaderamente nunca quise hacerlo, más allá de que mi mente insistiera de forma constante en mostrarme esa posibilidad, ya que estaba demasiado acostumbrada a generar en automático ese pensamiento del cual yo no podía librarme. Pero mi conciencia más elevada sabía exactamente lo que rompería mi hábito mental de pensar en el suicidio como la única salida: ponerme literalmente frente a la muerte y esa no fue una cualquiera, sino una muerte por suicidio.

Esa experiencia me llevó a vivir en carne propia el terrible miedo de ver cómo poco a poco se apagaba mi vida, mientras que al mismo tiempo sentía el inmenso dolor de verme morir. Entonces, con pruebas fehacientes pude ver que hay cosas, como la muerte, que no tienen vuelta atrás y, por otro lado, que la vida está llena de posibilidades, todas cambiables mientras estemos vivos.

Ahora entiendo con total claridad una de las frases que más he escuchado de Tony Robbins: «La vida no pasa por ti. Pasa para ti».

Algo que quizás no sepas, y que te ayudará de aquí en adelante a entender cómo tomas tus decisiones, es que todos los seres humanos actuamos sobre la base de dos cosas: «acercarnos al placer o alejarnos del dolor» y esto es algo que los conocedores de la Programación Neurolingüística (PNL) manejan muy bien.

Tras el incidente en el cementerio se creó en mí una nueva conexión neurológica referente al suicidio, que logró hacerme huir de él debido al dolor que me generó. Eso me fascina, porque con eso una vez más se evidencia la perfección de nuestro funcionamiento psicológico, aun así, lo que me maravilla es saber que todo eso provino de una conciencia superior a la mía, que no deja de ser mía, no porque me pertenezca, sino porque eso también es lo que yo soy en mi estado más impersonal.

Es así como nuestra mente personal y la mente universal se vuelven una. Cuando un nuevo pensamiento de mayor vibración aparece en nuestra mente es porque hubo una elevación de nuestra conciencia, lo cual produce una nueva realidad más armoniosa que nos acerca un poco más a nuestro estado natural de bienestar.

Como lo dijo Sydney Banks (1998) en su libro *El eslabón perdido:* «La mente universal y la mente personal no son dos mentes que piensan de manera diferente, sino dos formas de usar la misma mente».

LA MENTE PERSONAL

Si nos preguntamos sobre las funciones de la mente, yo, sin temor a equivocarme, las resumiría en una sola: pensar. Todo lo demás, como las emociones, deseos, miedos, decisiones, acciones y, por ende, los resultados que tenemos, obedece a nuestros pensamientos, los cuales, si son positivos, generarán una buena vida, pero si, por el contrario, son negativos, la vida puede llegar a ser bastante miserable.

Estoy segura de que a estas alturas eso es algo que tienes bastante aprendido e internalizado. A donde realmente quiero llegar es al paso anterior, en el cual aún no hemos llegado a tener la experiencia de vivir algo como positivo o negativo, pues, hasta ahora no hay tales calificativos, debido a que todavía en nuestra mente no se ha llevado a cabo una interpretación ni un juicio del hecho o circunstancia.

Ese paso previo a nuestra experiencia de percibir algo como bueno o malo es el «pensamiento», y no hablo de los pensamientos que nuestra mente genera, es decir, no me refiero al «contenido mental», sino al pensamiento como función de nuestra mente. Para ser más precisa, hablo del pensamiento como la acción de pensar, siendo esto lo único que nos conecta con el mundo que nos rodea, creando desde allí nuestra experiencia de vida, nuestra realidad personal.

René Descartes dijo: «Pienso, luego existo». Claro que este famoso filósofo francés no se refería al pensamiento como principio de la existencia, sino del conocimiento y, a diferencia de él, Sydney Banks, de quien te he venido hablando y quien por primera vez articuló los tres principios de la experiencia humana, nos revela que, primero existimos y luego pensamos.

La vida ocurre, simplemente sucede, y es nuestro pensamiento el que le da una determinada interpretación a las circunstancias, que por una razón u otra nos toca vivir, llámese por destino o casualidad, y es con base en nuestro contenido mental que las calificamos como experiencias buenas o malas. De esta forma vivimos nuestra realidad personal de una manera positiva o negativa. He ahí el origen de la famosa frase: «No es lo que vives, sino cómo lo vives».

Esa es la razón por la que una misma circunstancia es vivida de formas totalmente distintas, según quien la viva. Nosotros en nuestra cultura solemos ver la muerte como algo triste y doloroso, y por esa razón cuando un ser amado muere, sufrimos. No obstante, hay otras culturas en las que la muerte se celebra debido a que su significado (o más bien su interpretación) es diferente al nuestro, para ellos la persona que muere solo se adelantó a la vida eterna y por esa razón festejan.

Otro caso que es muy polémico, al mismo tiempo que real, es la infidelidad. Para una sociedad monógama la infidelidad es inconcebible e incluso penalizada, mientras que, para los matrimonios de los países islámicos, por ejemplo, la poligamia no solo es permitida, sino que es normal.

Es más, si una pareja que se casó bajo los principios de la monogamia decide practicar el poliamor, es decir, deciden llevar una relación abierta en la que ambas partes tienen la libertad de tener otras parejas sexuales, la infidelidad automáticamente dejará de existir y, por ende, todo el dolor emocional (más el del ego) simplemente saldrá de la jugada.

Para usar un tema menos polémico y juzgable que la infidelidad, hablaré de la adopción. Una persona que se entere de que ha sido adoptada puede sentir una gran tristeza y rabia ante la noticia, pensando que sus padres biológicos lo rechazaron y que una nueva familia a la que no pertenece le acogió por lástima. Esa persona indiscutiblemente vivirá la situación de una forma totalmente diferente a otra que, muy por el contrario, se sienta elegida por sus padres adoptivos. La primera, vivirá resentida con la vida, mientras que la segunda, vivirá desde la gratitud.

Esa discrepancia de interpretación ante un mismo hecho marcará la diferencia entre cómo una persona y otra vive y crea su experiencia de vida, o lo que es lo mismo, su realidad.

Una mente llena de pensamientos de amor y gratitud creará una realidad basada en eso mismo, por lo tanto, la persona tendrá a su vez más razones para amar y agradecer, al contrario de otro individuo cuya mente esté llena de pensamientos de egoísmo, resentimiento y odio. No en vano dicen que cosechamos lo que sembramos.

Para mí esa es la gran confusión que existe con respecto al pensamiento positivo. La mayoría de las personas malgastan una cantidad enorme de energía buscándole el lado bueno a todo. No estoy diciendo que esté mal o que sea erróneo, de nuevo, yo no soy quién para juzgar o criticar las preferencias personales ni la postura que cada quien tenga ante la vida, solo que, como *coach,* veo a cada rato cómo las personas se quedan estancadas en la búsqueda de la lección, escudriñando el pasado en busca del «para qué» de lo ocurrido.

Tampoco se trata de quedarnos en reacción ante las circunstancias adversas ni de vivir eternamente en sufrimiento a causa de las situaciones dolorosas, más bien de lo que se trata es de no quedarnos en lo ocurrido, ni para bien ni para mal, ya que cuando lo hacemos estamos malgastando un presente que es irremplazable, único y valiosísimo a la hora de crear un futuro extraordinario.

Si los seres humanos pudiéramos dejar el pasado atrás y vivir únicamente el momento presente, nuestra historia sería diferente. Lo que lo hace difícil es que nuestro pasado está almacenado en nuestra mente en forma de recuerdos, los cuales no dejan de ser pensamientos que generan emociones en nosotros, por lo que pareciera que el pasado sigue estando presente, no obstante, ya sabemos que eso es imposible y que, en cambio, lo que ocurre es que nuestra mente cumple con su función de producir, reproducir y almacenar pensamientos y, a su vez, el cuerpo cumple con reaccionar ante ello por medio de las emociones a fin de crear una experiencia.

Si nosotros simplemente nos quedáramos con lo vivido, o sea, con la experiencia física y mental de las situaciones que vivimos, la vida probablemente sería bastante más sencilla, pero el asunto se complica, ya que sacamos conclusiones con respecto a nosotros mismos, a la vida y al mundo tras cada circunstancia apuntada en nuestro libro de vida.

Esas conclusiones terminan convirtiéndose en las creencias que dirigen nuestra vida, porque, al momento de tomar decisiones, inconscientemente nos vamos a nuestra base de datos y asignamos a un futuro que aún no ha ocurrido, una carga emocional que proviene del pasado.

Todo eso lo hacemos de forma inconsciente solo para alejarnos de un dolor que no podemos asegurar que vendrá, pero como nos basamos en lo que ya ocurrió, asumimos que así será. Eso es un error que todos cometemos a lo largo de nuestra vida, y por esa razón quiero pedirte que entiendas que de ningún modo tu pasado tiene el poder de crear tu futuro, a menos que tú se lo permitas. Tu futuro es un lienzo en blanco y tú eres quien decide cómo pintarlo. Entender ese «juego» nos cambia la vida en tanto que, aunque no podemos dejar de jugarlo, logramos hacerlo bajo nuestras propias reglas.

Esta frase que te voy a compartir fue una de las primeras de Sydney Banks que conocí. En el momento no lo entendí, sino con el tiempo fue que estas palabras calaron dentro de mí hasta que verdaderamente generaron en mi vida un antes y un después: «El pensamiento no es la realidad, sin embargo, es a través del pensamiento que nuestras realidades se crean[1]».

Comprender esto no es necesariamente fácil, requiere que nos apartemos de mucho de lo que conocemos y hemos dado por cierto, por tanto, nos toca primero desaprender para luego aprender, sin embargo, no mucho tiempo después de haber iniciado mis estudios de *coaching* basado en el entendimiento de los tres principios de la experiencia humana, mi mundo entero cambió con un solo

---

1 Sydney Banks (1998). *The missing link*, p. 38.

insight, y fue exactamente cuando me di cuenta de que lo único que estaba mal en mí eran las conclusiones que había sacado durante mi infancia, esas que sin mi permiso y sin mi intervención se formaron en mi mente haciéndome creer que yo no era suficiente, que estaba sucia, que no era merecedora de amor, que el mundo era malo, que yo era mala, que mi valor dependía de mi perfección, bla, bla, bla..., puras mentiras que se convirtieron en las creencias limitantes que manejaron mi vida en automático y que por tantos años me crearon una realidad infernalmente dolorosa.

Para mí, lo primero fue entender que no había nada mal conmigo y que fuera de mi contenido mental soy total y absolutamente perfecta, pero, además, cuando inicié en este nuevo entendimiento descubrí algo que me voló la mente al punto de tener que ponerla «en reposo» para que pudiera hacer efecto en mí y es la **inmunidad espiritual.**

La inmunidad espiritual, más allá de la explicación religiosa, es algo de lo que gozamos todas las personas y se basa en que nada, absolutamente nada, ni la peor de todas las circunstancias puede tocar, afectar, ni mucho menos dañar nuestro espíritu. En pocas palabras, nada que provenga del mundo de la forma puede penetrar al mundo de la no forma. Eso quiere decir que nuestra esencia es totalmente inmune al daño, por lo tanto, es sencillamente imposible que nosotros estemos dañados como seres humanos. Nada, absolutamente nada de lo que nos ocurra en la vida, por feo, malo o doloroso que sea puede cambiar el valor que tenemos, el cual está asociado a nuestra existencia y no a nuestra resistencia.

Cuando eso por fin aterrizó en mí, comencé a cuestionar los supuestos daños que mi pasado me había causado y lo primero fue darme cuenta de que yo seguía estando completa a pesar de todo lo que había vivido en mi niñez.

Con ello vinieron varios nuevos *insights* que me abrieron los ojos a la realidad, que cualquier posible «daño» vivía solo en mi mente, por lo tanto, no era necesariamente una realidad, a menos que yo siguiera creyéndolo, y ¿qué sentido tenía seguir haciéndolo?, ¿acaso ese sistema de creencias con respecto a mí misma no fue precisamente lo que desató mi guerra contra el mundo?

Ya todo iba teniendo sentido, mi pasado estaba en un solo lugar: en mi mente, y lo único que quedaba de él eran los recuerdos, pero ya no tenían por qué seguirme haciendo daño, después de todo yo era la que tenía el poder de dejarme arrastrar por ellos y vivir así por todo el dolor emocional que producían en mí o, por el contrario, validarlos como parte del camino recorrido, agradecerles por haberme traído hasta aquí y dejarlos ir.

Finalmente estaba lista para la paz.

«Los pensamientos negativos crean sentimientos negativos, que a su vez crean comportamientos negativos y son las semillas del sufrimiento humano[2]».

Aunque parezca cliché, para tener armonía con el mundo debemos comenzar por hacer primero las paces

2 Sydney Banks (1998). The missing link, p. 40.

con nosotros mismos. Yo ya estaba en paz con mi esencia, había logrado amarme incondicionalmente desde mi más completo yo, pero con mi mente el asunto era diferente, porque, aunque suena fácil eso de «dejar pasar el pensamiento», en la práctica no lo es tanto.

Intenté varias cosas sin éxito, pues, siempre caía en el enganche con este y desengancharme no siempre era posible, ya que, si somos honestos, no siempre estamos en el espacio físico y emocional para respirar o meditar a fin de ayudarnos a calmar nuestra mente. Y es que las crisis no siempre esperan a que lleguemos a casa para presentarse.

Después de experimentar varias cosas probé no haciendo nada, lo cual tampoco fue fácil, pero sí muy interesante puesto que me volví observadora de mis pensamientos y pude ver la temporalidad de estos. Ellos se van solos, sin que yo tenga que hacer algo al respecto, simplemente no prestarles demasiada atención.

Observar tampoco es un proceso fácil debido a que implica no tener opinión ni juicio respecto a lo observado, por lo tanto, al observar nuestro contenido mental no cabe tal cosa como los pensamientos positivos o negativos. Allí solo somos nosotros elevándonos por encima de nuestra mente, observando su creación y el efecto que eso tiene en nosotros, y aunque ese efecto no siempre es agradable, no deja de ser un proceso extraordinario y fascinante de nuestro funcionamiento humano.

Ese ejercicio de observar mis pensamientos me ayudó enormemente a entender mis episodios de depresión y ansiedad, y lo más importante, es que gracias a ese proceso comencé a relacionarme con ellos de una forma diferente, mucho más compasiva y amorosa. Así fue cómo mis «trastornos» dejaron de ser el enemigo a vencer y pasaron a convertirse en una parte de mi experiencia humana que solo era la manifestación perfecta de los pensamientos que mi mente reproducía en automático.

Claro que nada de esto elimina lo mal que podemos llegar a sentirnos cuando tenemos episodios ansiosos o depresivos, pero tomar distancia de ellos y observarlos desde afuera nos da una perspectiva diferente en la que dejamos de resistirnos ante su existencia en nosotros, y es así, a través de la aceptación, que pasamos a hacer las paces con ellos, reconociendo al mismo tiempo que cuando esos pensamientos se vayan, también se irá el efecto que tienen en nosotros y eventualmente volveremos a nuestro estado natural de bienestar, el cual tampoco permanecerá en nosotros, pues, nuevamente algo nos sacará de allí y nos hará adentrarnos de nuevo en nuestra mente y así sucesivamente porque de eso se trata la experiencia humana.

Lo verdaderamente mágico del proceso está en darnos cuenta de que es nuestro propio sentir el que nos muestra la calidad de nuestros pensamientos. ¿No se te hace extraordinario que sea tu propio cuerpo, a través de las sensaciones, el que te indique lo que tu traviesa mente está generando? Es más maravilloso aun cuando entendemos que mientras más observadores nos volvamos más peso le vamos quitando a lo que sentimos, disminuyendo con ello la resistencia y fluyendo mejor con nuestra experiencia de vida, por aquello de que **a lo que te resistes, persiste.**

Algo extraordinario que ocurre como consecuencia de apreciar nuestro sentir como el indicativo de nuestros pensamientos, es que cada vez le vamos prestando más atención a nuestro estado emocional y eso nos ayuda a identificar con mayor rapidez el punto en el que estamos a fin de cambiar nuestro estado mental usando cualquier cosa que nos ayude a distanciarnos de nuestro pensamiento.

Insisto, mi intención con esto no es mentirte brindándote herramientas mágicas que solucionen tu experiencia, porque después de todo se trata solo de eso, de una experiencia temporal que se convierte en una buena noticia: sea lo que sea, pasará. La mala noticia es que no siempre vamos a lograr distanciarnos de nuestros pensamientos cuando lo deseemos, a veces nos vamos a enganchar tanto con ellos que nos parecerá que no se irán nunca y eso nos generará un desagrado y un malestar tan grande que desearemos salir de ese estado a como dé lugar para evitar el dolor de estar allí.

Así que, de ahora en adelante, cada vez que te hagas consciente de que estás en medio de un terrible dolor emocional, bendice y agradécelo, porque quiere decir que ya estás listo para salir de ahí, de lo contrario no estarías sufriendo. Recuerda que **tu sentir es tu aliado, no tu enemigo, por lo tanto, aprende a estar en paz con tus emociones porque, por «negativas» o «malas» que parezcan, están en ti para ayudarte.**

LOS CINCO TRATADOS DE PAZ

Si buscamos el significado de «paz» encontraremos que se trata de un estado en el que no hay guerra, lucha ni enfrentamientos, pero también significa un acuerdo de poner fin a una guerra. Cuando yo decidí poner fin a la mía establecí mis propios tratados de paz.

PRIMER TRATADO: DEJAR DE SER VÍCTIMA

Nadie puede herirme sin mi permiso.
Mahatma Gandhi

Es fácil ponernos a nosotros mismos en una posición de víctima cuando hemos sufrido un daño, ya sea físico, psicológico, o ambos al mismo tiempo, sin embargo, ya con el entendimiento de lo que somos y de cómo se crea nuestra realidad, la palabra «daño» pierde sentido.

Las heridas físicas sanan con el tiempo. Nuestro cuerpo es tan sabio que es capaz de autocurarse, porque, aunque creamos que es la medicina la que nos cura, los medicamentos solo ayudan a nuestro cuerpo a hacer lo que este ya sabe hacer.

Un ejemplo son los casos de mutilaciones y aunque el cuerpo humano no sea capaz de regenerar el miembro perdido, sí desarrolla la capacidad de funcionar a pesar de ya no estar completo, mostrando habilidades que pueden llegar a ser realmente sorprendentes.

Conociendo también el hecho de que espiritualmente somos intocables e inmunes, el único lugar que queda en nosotros para albergar el «daño» es la mente, pero ¿por qué asumimos que las heridas que viven allí son permanentes?

Eso forma parte del juego mental que vinimos a jugar en este plano, pero tenemos que entender que no porque un recuerdo viva por siempre en nosotros, tenemos necesariamente que sufrir el dolor de este por el resto de nuestra vida. ¿Recuerdas que te conté que en un momento de mi vida pensé que lo que necesitaba era un borrador de recuerdos?, pues, ahora ni por todos los millones del mundo borraría ni uno solo de mis recuerdos porque eso sería igual a mutilar mi historia, esa que me ha traído hasta donde estoy y me ha convertido en esta persona que hoy soy y a la que tanto amo y admiro por haber sobrevivido a tanto «daño» y «heridas».

Tenemos que dejar de sentirnos víctimas de las circunstancias, de las personas, y comprender de una vez por todas que somos más poderosos y fuertes de lo que pensamos (literalmente), y comenzar a utilizar de manera consciente uno de nuestros mayores poderes: **la resiliencia.**

Aunque en la década de los sesenta el concepto de resiliencia sufrió algunos cambios que van orientados hacia nuestra parte social y cultural, ser resilientes implica que tenemos la capacidad innata de sobreponernos ante situaciones adversas.

La clave está en entender que esa capacidad de salir adelante ante las peores circunstancias no es algo que tenemos, sino que es parte de lo que somos, está en nuestro origen y en nuestra naturaleza, por lo tanto, no tenemos que adquirirla ni desarrollarla. Somos resilientes, ¿te das cuenta de lo que eso significa? ¡Básicamente somos invencibles!

SEGUNDO TRATADO: MANTENER CONVERSACIONES INTERNAS IMPECABLES

No es lo que le dices a los demás lo que determina tu vida; es lo que te susurras a ti mismo lo que tiene más poder.

Robert Kiyosaki

Nosotros nos hablamos todo el tiempo, solo que no lo notamos, pero en realidad constantemente nos estamos diciendo cosas que provienen de nuestro condicionamiento mental y que a la vez lo retroalimentan.

Uno de los peores hábitos que desarrollé y mantuve por muchos años fue el de maltratarme verbalmente. Aunque mis palabras no siempre salieran de mi boca, sí estaban presentes en mi mente como los jueces más implacables, siempre acusándome, insultándome y haciéndome sentir culpable de todo.

Parte de mi diálogo interno era: «Eres una estúpida (justo lo que el hombre del cementerio le dijo a Hanna)», «¿A quién se le ocurre hacer eso?», «¿Qué clase de imbécil hace lo que tú hiciste?», «¡Bien hecho, eso te pasa por idiota!», «¡Hay que ver que tú no aprendes!».

Ese hábito, al igual que muchos otros, ha sido difícil de romper, a tal punto que aún quedan vestigios de mis habituales autoinsultos, pero al menos ya estoy consciente de ello y lo más importante de todo es que ya no me lo creo. Todo lo contrario, cuando me siento mal conmigo misma por alguna situación que creo pude haber evitado, recuerdo el principio universal de que **todo es perfecto tal cual es** y que lo ocurrido fue lo único que pudo haber sucedido.

Voy a hacer hincapié en la palabra «único» ya que estamos condicionados a creer que «lo que ocurre es lo mejor» y con eso damos por hecho que algo diferente pudo haber pasado, creando así en nosotros la experiencia del «si hubiera ocurrido esto o aquello» y de este modo pensamos: «las cosas hubieran sido de tal o cual forma». Pero cuando comenzamos a entender que lo que pasó era lo único que pudo haber sucedido, nos libramos de una gran carga con respecto a nosotros mismos, porque le impedimos a nuestra mente que cree escenarios imaginarios que solo nos llevan a la no aceptación de la realidad.

Dicho esto, no encuentro mejor momento para recordarte que «hubiese» no existe, si otra cosa hubiese tenido que pasar, hubiera ocurrido. Así de sencillo. Entre las nuevas creencias que debes asumir, incluye **«cada situación que vivimos era lo único que podía y tenía que haber sucedido, además, es perfecta para nuestro crecimiento».** Ese es el milagro de la aceptación, la cual es totalmente diferente de la resignación. Resignarnos nos victimiza, mientras que aceptar, nos libera.

Algo que a mí me ha funcionado muy bien en los momentos en los que soy consciente de que me estoy ofendiendo a mí misma, es imaginarme que voy caminando por la calle y, de pronto, un desconocido que está borracho comienza a insultarme. Como no tiene sentido discutir con alguien que no está en sus cinco sentidos y que, además, no me conoce, lo único que puedo hacer es ignorarlo y seguir mi camino.

Otra cosa que me ha traído grandes beneficios cuando me equivoco y me siento mal conmigo misma, es preguntarme qué es eso que necesito escuchar para sentirme mejor y luego me pregunto: «¿cómo se lo diría a alguien más que necesitara de mi consuelo y de mi amor?». Entonces, y aunque te parezca exagerado, me abrazo, me acaricio y me doy un beso cariñoso en el hombro.

¡No sabes lo rico que se sienten el cariño, la compasión y el perdón cuando viene de nosotros mismos!

Otra parte importante de este tratado es cumplir con lo que nos prometemos, pues, eso también es parte de lo que nos decimos, y fallarnos a nosotros mismos trae consecuencias negativas sobre nuestra autoestima, debido a que nos percibimos como personas en las cuales no podemos confiar.

Si te prometiste algo, comprométete y cúmplelo, si no, es mil veces preferible que dejes en reposo tu deseo hasta que estés listo para convertirlo en una meta y hacer lo que sea para cumplirla, pero, por favor, no te falles a ti mismo. Es normal titubear durante el proceso, cuando eso ocurra (porque va a ocurrir) recuerda que en ti habita la sabiduría universal. Confía en ella o en ti, al final es lo mismo.

Es importante que te mantengas flexible durante el proceso, porque inevitablemente se presentarán situaciones que te obligarán a hacer ajustes. Si tienes que negociar contigo mismo, hazlo, pero «no negocies tu éxito por nada del mundo».

Sin embargo, otra posibilidad que también quiero presentarte es que, a veces, durante la negociación interna, nos damos cuenta de que realmente ya no deseamos continuar. Cuando estés en esa disyuntiva y necesites saber cuál camino tomar, recuerda esto: el camino correcto es aquel que te haga sentir bien y te genere tranquilidad en lo más profundo de tu ser, ni más ni menos.

Nada en esta vida es tan poderoso a la hora de ayudarte a tomar una decisión como tu propio sentir. Pregúntate si las ganas de abandonar son por miedo al fracaso o porque realmente esa meta ya no resuena contigo; eso sí, debes ser muy honesto con la respuesta en vista de que de ella depende el camino que tomes. Por favor, no te bases en ideas preconcebidas como el dicho popular que expresa: «Tanto nadar para morir en la orilla». Es preferible retirarnos temprano que malgastar nuestro tiempo y energía en algo que al final no vale la pena. Tu tiempo y tu energía son tus bienes más valiosos, úsalos sabiamente.

Como parte última de este tratado están las preguntas potenciadoras y el inmenso poderío que estas tienen sobre nosotros. Como parte de nuestras conversaciones con nosotros mismos debemos hacernos preguntas que nos ayuden a elevar nuestro nivel de conciencia, a través de respuestas que abran la puerta a nuevas posibilidades. Si quieres respuestas excelentes, hazte preguntas que también lo sean.

Algo que solemos hacer con bastante frecuencia es preguntarnos el «por qué» de las cosas. Esa pregunta obedece a la necesidad que tiene nuestra mente de entenderlo todo, pero realmente esa pregunta no nos ayuda, ya que cuando nos la hacemos partimos de un estado mental de resistencia y victimización de lo ocurrido.

Para que una pregunta nos empodere, su respuesta debe movernos hacia adelante, hacia la toma de la acción pertinente para salir de donde estamos, sin embargo, preguntarnos el «por qué» nos deja estancados en un presente que busca entender el pasado, dejando con ello el futuro fuera de la jugada.

La versión empoderada del «por qué» es el «para qué» y es la que todos conocemos, pues, en su momento marcó la diferencia en muchos de nosotros. Ese «para qué», en lo personal, está pasado de moda y uso esa palabra debido a que, una vez más, estamos repitiendo algo solo porque es tendencia sin realmente entender su valor ni significado.

A mí en lo particular se me hace poco delicado y empático que cuando alguien se está desahogando o está en plena reacción ante un hecho doloroso, vengamos a decirle: «pregúntate para qué te ocurrió eso». Digo, no es que la pregunta esté mal, lo que está mal es que en nuestro exceso de positivismo y empoderamiento hemos perdido lo hermoso que es estar allí para alguien que nos necesita, sin tener que jugar a su *coach* solo porque queremos salir al rescate de esa persona. Si bien es cierto que todo en esta vida ocurre con un propósito, a veces es necesario vivir nuestras emociones hasta que estemos listos para salir de ellas y, de nuevo, nuestro sentir es el mejor medidor de nuestros procesos internos.

Otra cosa a considerar cuando nos preguntemos «para qué» es que podemos quedarnos estancados allí, buscando una respuesta que quizás no llegue, puesto que en la vida a veces hay que darles paso a las cosas y continuar, simplemente avanzar, aunque no comprendamos nada de lo ocurrido, recordando que si pasó es porque tenía que pasar, y era lo que necesitábamos para crecer, así que solo nos queda confiar en que en el camino encontraremos las respuestas.

He ahí la importancia de hacernos las preguntas correctas:

- ¿Estoy listo para...? Si la respuesta es «No» entonces debemos preguntarnos lo siguiente:
- ¿Cómo sé que no estoy listo?
- ¿Qué necesito entonces para estar listo?
- ¿Cómo sabré cuándo esté listo?
- ¿Cuál será mi primer paso a dar cuando esté listo?

Si, por el contrario, la respuesta es «Sí», entonces las preguntas también cambian:

- ¿Cómo sé que ya estoy listo?
- ¿Cuál es el siguiente paso a dar?
- ¿Qué tengo que hacer para lograrlo?
- ¿Qué tengo que dejar de hacer para lograrlo?
- ¿Cuáles de mis fortalezas me apoyan para lograrlo?

- ¿Cuáles son esas cualidades que necesito despertar en mí para lograrlo?
- ¿Qué tengo que hacer para despertarlas?
- ¿Qué tengo que decirme a mí mismo para impulsarme cuando algo me esté deteniendo?

Y mis preguntas favoritas:

- ¿En quién me tengo que convertir para lograrlo?
- ¿Cómo es esa persona?
- ¿En qué me parezco a esa persona?
- ¿Cuáles cualidades debo adquirir para ser como esa persona?

Cuando estemos atravesando por situaciones dolorosas y difíciles es importante que nos preguntemos:

- ¿Qué aprendí de esto?
- ¿Cómo puedo aplicar lo aprendido?
- Si dependiera de mí, ¿cómo puedo evitar que esto vuelva a ocurrir?

Estas preguntas están 100 % orientadas a sacar lo mejor de nosotros mismos. Aquí estamos dejando cero espacios para dudas. **¿Necesitas certeza para arrancar, continuar y lograr lo que deseas? Pues, ¡créala a través de preguntas que te empoderen!**

TERCER TRATADO: VIVIR EN PROPÓSITO

«No deberíamos buscar un sentido abstracto a la vida, pues cada uno tiene en ella su propia misión que cumplir; cada uno debe llevar a cabo un cometido concreto. Por tanto, ni puede ser reemplazado en la función, ni su vida puede repetirse; su tarea es única como única es su oportunidad para instrumentarla» Viktor E. Frankl.

La mayoría de las personas vivimos «la vida que nos toca», es decir, esa que cumple con los requisitos de la sociedad, enterrando con ello la posibilidad de «vivir la vida que nos corresponde», que está completamente a nuestra disposición y esperando que vayamos por ella. El problema está en que muchos de nosotros ni siquiera lo cuestionamos.

Te puedo asegurar que todos, absolutamente todos los seres humanos que habitamos el planeta fuimos creados con un propósito y cumplir esa misión es nuestro derecho, pero también nuestro deber, ya que todos los dones y talentos nos fueron otorgados para compartirlos con el mundo.

Encontrar nuestro llamado es la cosa más hermosa que nos puede suceder, le da un sentido a nuestra vida y no uno cualquiera, pues, aunque la vida está llena de retos, siempre vamos a poder vencerlos por una sencilla razón: «Tenemos absolutamente todo lo que necesitamos para lograrlo ya que estamos predestinados a hacerlo».

Sé que esto es debatible si nos adentramos en el concepto de destino, ya que hay quienes afirman que no existe tal cosa como eso y que somos nosotros quienes vamos creando nuestro futuro. La respuesta es: sí, pero no.

El hecho de que estemos predestinados no implica que lo lograremos y es aquí donde vuelve a entrar en escena el libre albedrío. Hay un dicho que dice: «podemos llevar el caballo al río, pero no podemos obligarlo a que beba agua».

Lo mismo sucede con nosotros, no importa cuántos dones y talentos tenemos si no los descubrimos o, peor aún, si no los usamos para alcanzar el éxito profesional y financiero que nos corresponde.

Yo pasé muchos años de mi vida sintiendo que no era buena en nada, pero eso es imposible. Todos somos buenos en algo, el reto es descubrirlo.

A lo largo del libro no te he contado que tuve un tercer hijo, Liam, quien poco antes de cumplir los tres años fue diagnosticado con autismo. Lo menciono porque todos sabemos que muchos de los niños dentro del espectro autista suelen desarrollar un talento especial para algo, algunos de ellos llegan a ser prodigios y se convierten en personas altamente exitosas dentro de ese rubro, pero ¿cómo descubrirlo si no exponemos al niño ante diferentes actividades que le permitan descubrir su don y practicarlo hasta desarrollar su potencial al máximo?

Exactamente lo mismo sucede con nosotras, las personas «neurotípicas», la diferencia está en que partimos de un estado mental diferente que no tiene nada que ver con la supuesta discapacidad de las personas con autismo, sino con la limitación mental que nos ponemos creyéndole a nuestros miedos y dejándonos vencer por ellos.

La única forma de descubrir nuestros talentos es exponiéndonos a diferentes cosas y dándonos el permiso de descubrir aquello que nos gusta, pero para eso debemos estar dispuestos a fallar.

Sí, encontrar nuestra misión puede no ser fácil, pero somos tan afortunados que nuestro propósito de vida está totalmente relacionado con eso que nos fascina, nos encanta, nos apasiona y nos hace sentir plenos.

Encontrar nuestra misión de vida no siempre es fácil, pero es una búsqueda que vale la pena emprender a la edad que sea. Nunca es tarde para empezar a ser felices, ¿o sí?

Estas son algunas preguntas que pueden ayudarte a encontrar tu misión de vida:

- Si tuviera todo el dinero del mundo, ¿a qué me dedicaría?
- ¿Con cuál actividad se me pasa el tiempo volando?
- Si pudiera elegir, ¿qué haría por el resto de mi vida?
- ¿Cuáles son mis intereses/pasatiempos?
- ¿A quién admiro y por qué?
- ¿Cuáles actividades desarrollan mi creatividad y me sacan una sonrisa?
- ¿Qué hago mejor que el promedio de las personas?
- ¿Qué es eso que me quita el sueño por la emoción de hacerlo?

A veces, a pesar de hacernos esas preguntas, no logramos obtener una idea clara sobre nuestra misión, en ese caso te recomiendo que comiences a prestarle atención a los elogios que te den las personas más cercanas a ti, incluso, puedes preguntarles en qué consideran ellos que eres bueno, pero eso sí, no descartes nada de lo que te digan por descabellado que te parezca.

Para mí fue sorprendente saber que la gente que me conoce opina que les encanta mi voz y mi forma de hablar. Me preguntaban si era locutora y bromeando me pedían que hablara como si estuviera haciendo comerciales o que leyera como si estuviera dando las noticias.

Hoy en día me dedico a hablar en público dando seminarios, talleres y conferencias de motivación, *coaching* y desarrollo personal. También soy presentadora, he tenido mis propios segmentos de motivación en la radio y en la televisión, soy la voz de varias marcas publicitarias y soy conocida como «La voz de Dallas».

Todo eso porque un buen día decidí creer en mí y darle una oportunidad a mis talentos, y aunque amo todo lo que hago, lo que siento cuando estoy sobre la tarima compartiendo mi historia, motivando e inspirando a las personas es lo que me apasiona a tal punto que siento que me elevo. Ahora entiendo que mi historia de vida necesitaba una voz poderosa que la contara, ambas cosas están en mí y cuando las junto me siento invencible.

Por favor, no te vayas de esta vida sin darte la oportunidad de vivir con propósito y, lo más importante, no prives al mundo de eso tan maravilloso que solo tú tienes para dar.

CUARTO TRATADO: HACER LAS PACES CON EL MIEDO

Todo lo que deseas está al otro lado del miedo
Jack Canfield.

El miedo es nuestro peor enemigo, incluso mucho más que nuestro pasado, porque al pasado podemos dejarlo atrás, pero el miedo siempre vivirá en nosotros. Este sentimiento es lo que más nos impide hacer lo que necesitamos para cumplir nuestros sueños y lograr tener una vida de propósito y realización.

Estoy segura de que miles de veces, si no más, te has preguntado por qué nos cuesta tanto movernos hacia el cambio, por más positivo y prometedor que este sea. La razón es bastante simple, porque va en contra del funcionamiento de la mente, la cual ve peligro en todo aquello que le resulta nuevo o desconocido y eso se manifiesta en nosotros como miedo.

Todos, absolutamente todos los seres humanos, sin excepción, tenemos miedo al fracaso y a no ser suficientes, ya sea suficientemente buenos, maduros, jóvenes, rápidos o a no estar suficientemente preparados. La verdad es que cualquier excusa es buena para validar y justificar nuestros miedos por irreales que estos sean.

Claro que el miedo real sí existe y es ese que por instinto nos hace correr cuando estamos en peligro, que nos hace quitar la mano del horno caliente y que nos hace jalar a nuestros pequeños por la camisa cuando vemos que se van a caer. Si te fijas en cada uno de los ejemplos que te acabo de mencionar, el miedo nos mueve, en cambio, el miedo mental nos paraliza y eso tiene que ver con nuestra intención subconsciente de evitar el dolor. Es tan simple como decir: si no intento, no fallo. Si no fallo, no duele.

Pero, entonces, ¿cómo vencemos ese miedo?, pues, te tengo dos noticias, una buena y una mala. La buena es que no tienes que hacer nada para vencerlo. La mala es que nunca se irá hasta que te atrevas a hacer eso que te da miedo y puedas lograr tu objetivo. No obstante, de allí también sale una noticia positiva y una negativa. La positiva es que, una vez superado ese miedo, ya no lo sentirás de nuevo. La negativa es que, antes de lo que imagines, volverás a sentir miedo de hacer algo nuevo.

Con el miedo no se pelea, todo lo contrario, hay que hacerlo nuestro amigo. La clave está en entender que luchar contra el miedo solo nos quita tiempo y energía.

Imagina que la vida es un videojuego en el que estás amarrado a tu miedo con una cadena irrompible, sin embargo, como este no tiene ni forma ni peso real te permite moverte libremente y subir de niveles hasta completar la misión.

El miedo siempre va a estar allí y esperar a que no esté para tomar acción no es solo absurdo, sino totalmente inefectivo. Lo que tenemos que hacer es llevarlo con nosotros y actuar a pesar de que esté allí.

Mientras más sutiles seamos con el miedo, menos nos molestará, así que debemos tratarlo como si fuera nuestra pareja de baile y lanzarnos con él a la pista, aunque no tengamos ensayada ni preparada la coreografía. Eso sí, siempre sabiendo que la música nos hará encontrar nuestro propio ritmo y que, si fluimos, terminaremos por acoplarnos.

La razón por la cual no debemos luchar contra el miedo es porque a la mente nunca la vamos a convencer de que no lo genere. Eso sería como tomarnos un litro de agua y esperar que no nos den ganas de orinar.

Creo que en este punto ya sabes que no soy fan de la teoría de la evolución, pero, jugando al abogado del diablo, no quiero ni siquiera imaginarme lo que hubiese pasado con nosotros si nuestros ancestros prehistóricos no hubiesen actuado por miedo a fracasar, a que sus inventos no fueran suficientemente buenos o, peor aún, a que sí lo fueran, pero que no serían suficientemente buenos para ejecutarlos. De ser así supongo que seguiríamos cazando para comer, estaríamos viviendo en cuevas y este libro no existiera.

Hablando de la prehistoria, hay una película animada que se llama *Los Croods* (2013), que me encanta porque nos muestra claramente y de una forma divertida cómo desde el principio de nuestra existencia nos genera miedo todo lo desconocido. Aunque la película es superentretenida, transmite un importante mensaje sobre el crecimiento que obtenemos cuando no nos dejamos vencer por el miedo.

Una pregunta que a mí en lo personal me ayudó mucho es: ¿dónde estaría si no tuviera miedo? Cuando tenemos clara esa respuesta solo nos quedan dos opciones: la primera es dejarnos vencer por él y perdernos de eso que ya vimos que podíamos tener. La segunda es ir por ello, pero para eso debemos actuar con miedo y a pesar de él, aunque el primer paso es el más difícil de dar y es el que más lejos está de nuestra meta, es el único que realmente nos abre la posibilidad de lograrla. Además, es este primer paso el que siempre vamos a recordar acompañado del orgullo de poder decir, «qué bueno que me atreví».

QUINTO TRATADO: PERDONAR, PERDONAR Y PERDONAR

La bondad humana se encuentra en todos los grupos, incluso en aquellos que, en términos generales, merecen que se les condene
Viktor E. Frankl

Lo creas o no, en mí no hay rencor por nadie y cuando te digo «nadie», es absolutamente nadie. Eso no quiere decir que en la actualidad no viva mis procesos de dolor, tristeza y rabia cuando alguien me hace daño, pero saber que ese malestar, aunque se siente total y completamente real es solo imaginario, es lo que me ha ayudado a hacer una maestría en mis procesos de perdón.

Insisto, eso no quiere decir que yo no sufra a propósito de una traición o cualquier otra situación que me afecte de manera negativa, todo lo contrario, yo vivo mis emociones al máximo, buenas o malas me las disfruto en toda su extensión porque me recuerdan lo viva que estoy. Quizás por eso me molesta tanto cuando alguien, en pro de intentar ayudarme, interrumpe mi estado mental/emocional con algún comentario positivista, tanto así que debo confesar que en esos momentos me provoca decir cosas como: «¿Podrías por favor dejarme sufrir en paz? ¿No ves que solo estoy viviendo esto al máximo y que inevitablemente me voy a recuperar? ¡Por favor, déjame experimentar esto en su totalidad antes de que acabe!».

Saber que las heridas emocionales al igual que las físicas sanan solas gracias a nuestra condición de seres resilientes, ha sido un milagro para mí y me ha quitado una gran carga de encima.

Es en nuestra mente donde nacen los pensamientos de odio, y es en nuestro cuerpo donde se manifiestan los sentimientos de rencor, así que nadie, absolutamente nadie se perjudica más con el rencor y el odio que aquel que los alimenta y les da albergue.

Es muy gratificante saber que realmente no tenemos que hacer nada trascendental para que el perdón ocurra, simplemente es cuestión de tiempo. Sí, el tiempo sí sana las heridas, pero siempre y cuando no las alimentemos. Lo importante es observar, reconocer y validar lo que sentimos, entendiendo que el daño pasará y que la herida sanará, no obstante, es indispensable no agrandarla y eso es exactamente lo que hace el rencor.

Ninguna herida, ni física ni emocional, sanará mientras la sigamos abriendo. Las heridas emocionales son las más fáciles de abrir debido a que no las vemos, pero sí las sentimos, lo que equivocadamente nos hace pensar que no podremos superar ese daño.

Un daño emocional severo puede llegar a sacar lo peor de nosotros, por eso es importante que cuando tal cosa nos ocurra (porque va a ocurrir), recordemos lo que somos en realidad y que nos hagamos conscientes de que se trata solo de una experiencia que una vez superada sacará lo mejor de nosotros. Es importante no dejarnos arrastrar por ella.

Yo no te voy a decir que soy buena enviándole amor y luz a quienes me hacen «daño». Obviamente mi nivel de conciencia personal todavía no ha llegado hasta ese punto, entonces me toca recordar que yo soy parte de la conciencia universal, esa que es pura energía de amor y compasión, esa ni siquiera tiene necesidad de perdonar porque es inmune al daño humano, así que aparto a mi ego del camino y dejo que ella haga lo que sabe hacer y que yo, desde mi nivel de conciencia personal, todavía no sé cómo lograr.

Te voy a revelar algo que sé que te va a costar entender, pero una vez lo hagas te va a ayudar a aceptar muchas cosas. Me refiero a los niveles de conciencia, los cuales todos los seres humanos tenemos.

Mientras más elevado sea nuestro nivel de conciencia, más cerca estamos de la conciencia universal, es decir, la conciencia de Dios. Obviamente desde allí vibramos mucho más alto y nuestros pensamientos son más puros, así que también nuestras emociones lo son y también la realidad que creamos. Como ya bien sabes, la única forma de lograrlo es tomando distancia de nuestra mente.

Yo soy bastante mala meditando debido a que mi mente es muy rápida y traviesa, pero poco a poco he encontrado mi propia manera de tomar distancia de mis pensamientos y abrir así un espacio que sea lleno por nuevos que provengan de un nivel de conciencia superior, dejando los anteriores cada vez más abajo y así sucesivamente.

No te compartiré mi manera de hacerlo, pues sé que tú desarrollarás la tuya propia. Cada uno de nosotros tiene su propia combinación de saberes y la dosis necesaria para elevar su conciencia, solo te digo que no te desesperes y disfruta del proceso. Recuerda que el autoconocimiento es un camino profundo y a veces doloroso, pero que vale la pena recorrer con miedo o sin él, da lo mismo, lo importante es que lo recorras.

No sé qué determina el nivel de conciencia en el que estamos, lo que sí sé es que nuestro sentir es el termómetro para descubrirlo. Si nuestras emociones son «negativas», nuestros pensamientos también lo son, indicándonos que estamos en un nivel de conciencia bajo.

Mientras más bajo sea nuestro nivel de conciencia, más metidos estamos en nuestra experiencia humana y estamos mucho más susceptibles a sentirnos víctimas de la vida. En ese estado estamos más propensos a sufrir y hacer sufrir. Mientras más baja esté nuestra conciencia, más propensos estamos a dejarnos llevar por nuestros pensamientos, los cuales, de acuerdo con el nivel en el cual fueron creados, no son precisamente los de la más alta calidad. Imagínate lo que ocurre cuando actuamos desde ahí, cuando nuestras decisiones y nuestras acciones se vuelven peligrosas para nosotros mismos y para los demás.

Así como todo lo que ocurre en la vida era lo único que podía haber sucedido, lo mismo pasa con nuestras acciones. Todo, absolutamente todo lo que hacemos es exactamente lo único que podemos hacer desde el nivel de conciencia en el que estamos.

Sí, sé que es impactante y difícil creer que esa persona que tanto daño te hizo, lo hizo porque era su única opción y no porque no hubiera otras, sino porque fue la alternativa que esta persona vio en ese momento desde el estado mental/emocional en el que estaba. Insisto, sé que esto es difícil de entender y de aceptar, pero cuando lo hagas comprenderás muchas cosas que no solo te facilitarán la vida, sino que mejorará tus relaciones. Entonces el perdón será mucho, pero mucho más fácil de lograr.

Para ayudarte a verlo mejor, te daré un ejemplo de lo que hago en una de mis charlas. Elijo cinco personas al azar entre los asistentes y les pido que pasen el frente de manera individual. Una vez estando frente a mí les cubro los ojos y les pido que busquen alguna fruta de la mesa y se la lleven a la persona que yo les indique, quien debe estar lejos de ellos para que el recorrido pueda ser interesante.

La clave está en que a cada una de las cinco personas les cubro los ojos con telas con diferentes niveles de transparencia, de modo que la primera, a pesar de tener los ojos cubiertos, puede ver a través de la tela prácticamente a la perfección, favoreciéndola para que culmine el recorrido con facilidad. Sucesivamente voy colocando telas más gruesas hasta que a la quinta persona le cubro los ojos de forma tal que no puede ver absolutamente nada, por lo tanto, durante el recorrido se tropieza varias veces contra los objetos como con las personas.

En una oportunidad la quinta persona tropezó con otra que estaba tomando café, aunque afortunadamente este no estaba tan caliente como para causarle una quemada fuerte, sí le hizo daño en la piel, además de que le manchó la ropa, por lo que esta otra persona se molestó, ya que al salir de la charla tenía otro compromiso. Fue sumamente interesante porque la persona que tenía los ojos cubiertos se disculpó varias veces diciendo: «Perdón, es que no te vi». Se trata de una analogía en la cual la transparencia más o menos pronunciada de la tela que cubre los ojos representa el nivel de conciencia con el que una persona va transitando por la vida en un momento determinado.

Eso es exactamente lo que sucede con nuestros niveles de conciencia, mientras más bajo sea, menos vemos y así no tenemos la capacidad de ver o medir el daño que podemos causar a los demás.

Claro que hay cosas que simplemente no deberían ocurrir, como, por ejemplo: el asesinato, el maltrato, los abusos sexuales... Sin embargo, siguen ocurriendo a diario, eso demuestra la descomposición humana que estamos viviendo y que no tengo idea de cuándo, ni cómo acabará. Lo que sí sé es que como individuos todos tenemos la capacidad de tomar mejores decisiones y si todos lo hacemos el mundo indiscutiblemente mejorará, solo que, repito, es un trabajo individual con un efecto grupal.

El nivel de conciencia no es justificativo para el daño causado, pero sí es algo que definitivamente facilita el proceso del perdón.

Sí, perdoné a mi primo y también perdoné al demonio que me llevó al viaje infernal del cual tanto me costó regresar. De igual modo perdoné a la prima que me dijo que yo ya no era pura. También perdoné al cura que no me orientó de manera adecuada durante la confesión previa a mi primera comunión. Ninguno de ellos sabía lo que hacía y todos estaban en un nivel de conciencia más bajo que el que yo tengo ahora. Gracias a la lección que todos ellos me dieron pude perdonarlos. Al cura más nunca lo volví a ver, y a excepción de mi prima, los demás ya no están en mi vida ni quiero que estén.

Perdonar no significa que tengamos que continuar la relación con esa persona que nos causó dolor, sino sacarla de nuestra vida y dejarla ir para que nosotros podamos quedar en paz.

Respecto a mi papá, con los años entendí que su rechazo e indiferencia hacia mí no tenían nada que ver conmigo, sino con él mismo. Ciertamente yo me perdí de tenerlo a mi lado, pero él también se perdió de mi amor y compañía, y creo que eso, más el peso de su conciencia, es mayor castigo del que realmente se merece.

Afortunadamente he podido hablar con él por teléfono y decirle que lo perdoné de corazón, mas no he podido reconstruir una verdadera relación con él, no sé si porque estamos en países diferentes o porque sencillamente yo me acostumbré a no tener papá, sin embargo, le ruego a Dios que me permita verlo antes de que alguno de los dos muera, porque si algo deseo hacer en esta vida es volver a peinar ese bigote que antes era negro, pero que ahora es blanco por el paso del tiempo.

Respecto a mi mami, ella ha sido mi mayor maestra de perdón. Por mucho tiempo la culpé por no haberme cuidado de mi primo, de haberme entregado al diablo para que me destrozara la vida, de haberme llevado al borde del suicidio por unas absurdas calificaciones escolares, por no haberme ayudado, por no haberme entendido ni amado lo suficiente, pero por un lado comprendí que nada de eso es una verdad absoluta y que solo se trató de mi propia percepción.

Por otro lado, entendí que ella, como todos los demás, hizo lo único que pudo hacer según su nivel de conciencia, y ahora que soy una adulta me doy cuenta de que gracias a ella soy quien soy. Gracias a ella he podido formar mi propio criterio como mamá y que ese criterio también está lleno de errores, los cuales ni siquiera corregiré hasta que los vea y quizás cuando lo haga ya será un poco tarde para mis hijos, solo que tal vez no demasiado tarde para los hijos de ellos. Es así como vamos las madres por la vida, con la inmensa responsabilidad de criar mejores seres humanos, pero haciéndolo desde lo único que vemos, tenemos y entendemos.

¿Que si perdoné a mi mamá?, y ¿quién soy yo para no hacerlo? Esa mujer me dio la vida y me sacó adelante contra viento y marea, con errores y sin ellos, y aún lo sigue haciendo. Ella es mi roca, mi fortaleza, es quien todavía me recibe con los brazos abiertos cuando voy corriendo hacia ella en mis peores momentos. Es quien aún me seca las lágrimas y me promete que todo va a estar bien. Además, me cuida y me regaña, y hoy, luego de varios años en que estuvimos separadas física y emocionalmente, tengo la inmensa bendición de tenerla a mi lado, de darle las buenas noches y los buenos días. Aquí simplemente el perdón sale sobrando, el verdadero amor es comprensivo y compasivo.

No importa cuántas técnicas inventemos para perdonar, el perdón es un proceso precioso que es inherente a nuestro ser. Somos perdonadores innatos, es decir, perdonar es parte de nuestra naturaleza, es más si somos lo mismo que Dios, entonces también su compasión yace dentro de nosotros. Lo que ocurre es que esa capacidad innata de perdonar se esconde debajo de nuestro ego herido, ese que también es una ilusión creada por nuestra mente. Lo importante aquí es hacernos conscientes de que no porque esté cubierta deja de estar allí, es imposible que no esté, ya que lo que somos es inalterable.

Por otro lado, es muy curioso lo que ocurre en nosotros cuando nos damos cuenta de que para que haya cura o sanación primero debe haber una herida, y una herida emocional es simplemente una reacción bioquímica que ocurre dentro de nosotros ante un estímulo emocional doloroso, así que solo ocurre una vez, las demás son solo la repetición de la manifestación del dolor ante el recuerdo, y a menos que nos dé amnesia las vamos a sentir por el resto de nuestra vida con mayor o menor intensidad, aun cuando eso no quiere decir que tengamos que sufrírnoslas.

Es exactamente aquí donde cabe perfectamente la frase: «El dolor es necesario. El sufrimiento es opcional». Se sufre la primera vez, las demás se asume el dolor con fortaleza, valentía y dignidad, sumando una experiencia y escribiendo una nueva página en nuestro libro de vida.

Si de verdad deseas perdonar, quiero invitarte a que lo hagas a través de tu verdadera naturaleza amorosa y compasiva, no a través de tu mente rencorosa. Jamás encontrarás amor donde nace el rencor, no obstante, somos seres duales capaces tanto de amar como de odiar y ambas partes de nosotros también estarán presentes mientras tengamos vida. No desconozcas a ninguna de las dos, todo lo contrario: obsérvalas, valídalas y acéptalas, y lo más importante de todo: «alimenta solo aquella que te traiga paz», a la otra déjala quieta, si no le haces caso no te hará daño. Bien dicen que aquello que dejas tranquilo termina por dejarte tranquilo a ti.

No te impacientes ni atropelles tus procesos emocionales. Si aún sientes el dolor como si tuvieras la piel en carne viva, es porque todavía no estás listo para perdonar, a pesar de ello ten plena seguridad de que eventualmente lo estarás, recuerda que está en tu naturaleza y es imposible que no ocurra. No pasa nada porque te tardes un poco más de lo esperado, tómate tu tiempo, no somos *robots* sin sentimientos, somos personas con emociones y tenemos derecho a vivir nuestro dolor, al mismo tiempo que es nuestra responsabilidad liberarnos de él.

Si te hicieron daño aprende de ello y sigue adelante fortalecido y con el orgullo de haberlo superado. Bien gestionado el dolor es un gran maestro, no permitas que este te condene a vivir en guerra con la vida cuando en realidad fuiste creado para vivir en paz con el mundo.

CONCLUSIÓN

Sé que mucho de lo que te he compartido te parece familiar, pero también estoy consciente de que hay información que es nueva para ti y sé que gran parte de ella te puede resultar contradictoria y generarte confusión. Eso es completamente normal. Estamos demasiado acostumbrados a defender lo que conocemos y a verlo como la única verdad que existe sin cuestionarnos si eso que creemos nos ayuda y nos es útil.

Si ese es tu caso, déjame decirte que te felicito. Lo creas o no, la confusión es una parte indispensable para tu crecimiento, porque inconscientemente le estás abriendo las puertas a la posibilidad a que algo que no habías considerado, ahora pueda ser real.

Confundirnos es el paso previo al cambio, ya que nos hace cuestionar la veracidad de lo que hasta ahora habíamos dado por cierto y que, por ende, nos daba una sensación de certeza. Tener que elegir entre creer una cosa u otra nos genera incertidumbre. Esa es la razón por la cual el crecimiento personal es un camino que está muy lejos de ser fácil y rápido.

Además de lo difícil que puede ser cambiar una creencia por otra, también hay un factor social que lo hace aún más complicado, por el miedo que le tenemos al «qué dirán». No obstante, te invito a que cambies todo lo que necesites transformar. Explórate a plenitud sin que te importe la opinión de los demás, no solo es tu derecho escoger tus creencias, sino que es tu deber sacar de tu vida todo aquello que no te favorezca y que te aleje de tu felicidad.

Por ahora mi invitación es a que no rechaces nada de lo que te he compartido a lo largo de estas páginas. De momento quédate solo con aquello que resuene contigo y te traiga bienestar, lo demás déjalo a un lado o ponlo debajo de tu almohada y verás cómo poco a poco irá cobrando sentido dentro de ti a través de *insights* en los que se te irá revelando lo que necesites saber, lo cual ocurrirá cuando estés listo para entender. No te agobies, no hay apuro, tienes toda la vida para seguir creciendo e inevitablemente lo harás, pues, lo que no crece, se muere.

No luches tanto contra tus emociones, recuerda que estas solo te muestran la calidad de tus pensamientos y que tu sentir es tu mejor guía en esta ruta llamada «crecimiento personal», en la que, por cierto, nadie es dueño de la verdad. La realidad es individual y lo que es válido para unos no lo es para todos. Permite que tu historia sea única, tanto como lo eres tú, y recuerda que la vida es, al mismo tiempo, un misterio que nunca vamos a resolver y una experiencia para disfrutar mientras nos descubrimos a nosotros mismos en el camino.

En lo que a mí respecta, ahora entiendo por qué no me convertí en Miss Venezuela, la vida tenía otros planes para mí y hoy por hoy puedo decir que cada día y paso a paso estoy viviendo mi sueño. ¡Bendita sea mi baja estatura!, esa de la que tanto renegué, pero que al final fue la que no permitió que me saliera de mi camino. Ahora no importa cuántos centímetros tengo de altura, sino cuántas experiencias se han escrito en el libro de mi vida y mis inmensas ganas de compartirlas con el mundo para inspirar a otros a que también vivan su propósito.

Con respecto a ti, encuentra tu camino y arranca sin preocuparte por el final. Da el primer paso, aunque estés aterrado. No te limites, comienza con lo que te gusta, exponte a diferentes situaciones que te permitan explorarte a plenitud para descubrir tus dones. Cuando el miedo y la duda aparezcan invítalos a acompañarte, verás cómo ambos se van sin que te des cuenta. Disfruta el recorrido, sueña sin límites, arriésgate, y en el peor de los casos, equivócate. Recuerda que mientras tengas vida todo es corregible y que en el camino se enderezan las cargas.

Ya deja de perder el tiempo y de malgastar tu vida dudando de ti, tienes un futuro exitoso esperando por ti, solo que tampoco te atropelles durante el recorrido, date el permiso de vivir lo que tengas que vivir para llegar a donde tengas que llegar.

Confía en el proceso, la vida no es una competencia, sino una ruta de resistencia y por eso es importante que tomes tantas pausas como sean necesarias para reconectar con la fuente y recargar tu infinita y poderosa energía creadora.

Por favor, hazlo a tu manera, no hay formas correctas ni incorrectas, no existe ningún ritual mágico ni ninguna fórmula infalible que te arregle la vida. El tiempo también es una emoción, así que lo único que importa es que cada día puedas tomarte un momento para conectar con tu esencia y con tu poder, puesto que lo vas a necesitar para poder avanzar, recuerda que para los humanos los cambios no son fáciles y lamentablemente la fuerza con la que arrancamos los nuevos proyectos se pierde en el trayecto debido a que estamos luchando contra nuestros hábitos, los cuales nos arrastran en dirección contraria, creando resistencia y frenando nuestro avance. No debemos detenernos por ellos, al fin y al cabo, siempre seremos nosotros quienes tengamos la última palabra, para bien o para mal.

También ten en cuenta que las metas no son un punto de llegada, sino un punto de partida para vivir y disfrutar de la misión que nos fue encomendada desde el momento de nuestra creación. Cree en ti, en lo que eres y en lo que te corresponde. No fuiste creado por error ni por azar, tu vida tiene un propósito y tú tienes una misión cuyo destino predeterminado es que sea cumplida, fuera de allí la única garantía que tienes es la muerte, así que asegúrate de haber vivido al máximo antes de llegar ahí, para entonces será tarde.

No olvides que no estás solo y que jamás lo estarás, a menos que así lo decidas, en cuyo caso estarás yendo en contra del orden natural de la existencia, entonces, no culpes a nadie de tu desdicha ya que habrás sido tú quien le dio la espalda a la vida y no al revés.

Suelta el control, no todo depende de ti, recuerda que el planeta en el que vives se sostiene sin tu intervención y tu corazón late cada día sin tu ayuda. Piensa que si alguna de esas dos cosas fallara tú no podrías hacer absolutamente nada para salvarte. Sé que es muy, pero muy atractivo, para el ego esa frase que dice «somos los creadores de nuestro destino», insinuando que todo depende de nosotros, sin embargo, quiero invitarte a recordar que en esta obra maestra llamada vida, de la cual somos los protagonistas, se escribe un nuevo capítulo cada día.

Así que relájate un poco y a partir de hoy interpreta tu papel protagónico lo mejor que puedas, sonriendo cuando te toque sonreír y llorando cuando te toque llorar. Sé un aprendiz cuando tengas que aprender y maestro cuando tengas que enseñar, pero siempre da lo mejor de ti, y lo más importante, disfruta y vive la experiencia al máximo, porque todo lo que te ocurra está y estará siempre bajo la dirección de Dios. Esfuérzate al máximo. No te vayas a dormir en ninguna noche sabiendo que pudiste haberlo hecho mejor. Despégate del resultado. Haz tu trabajo y deja que Dios haga el suyo.

No caigas en la trampa del falso éxito del que hablan los infelices. No hay un premio al final de la vida. «La vida es el premio». Agradece todo lo que te suceda, incluyendo eso que llamamos problemas, pues, estos no son más que regalos que esconden una oportunidad para mejorar y crecer como seres humanos. Lo «bueno» nos alegra, lo «malo» nos enseña. ¡Todo lo que ocurre es absolutamente perfecto!

Agradece por todo y hazlo siempre, aunque no te guste lo que ocurre, ciertamente no todo tiene un lado positivo, no obstante, constantemente tenemos la oportunidad de hacer algo hermoso con lo adverso, ya que de los momentos de mayor dolor surgen nuestros más grandes cambios y nacen nuestras mejores intenciones, siempre y cuando estemos conectados con lo que en realidad somos: «el universo en acción y la sabiduría de Dios manifestándose a través de nosotros».

Haz las paces con tu pasado de una vez por todas y ya no permitas que te detenga. No sigas mutilando tu futuro con recuerdos castrantes de lo que ya pasó. Tú no eres tu historia, en cambio, eres el único que puede cambiarla. Si te caíste levántate sabiendo que la herida es temporal y que tu fuerza será para siempre. Fluye con lo que eres y deja que el dolor te haga más fuerte, no hay sonrisa más hermosa y poderosa que la que nace después del llanto.

Y, por último, recuerda que solo hay dos formas de vivir: en guerra con la creencia de que la vida es una batalla constante en la que solo hay instantes de paz, o en paz, sabiendo que la vida es un proceso que está a tu favor, aunque te presente momentos de guerra.

Haz que tu vida valga la pena. Sueña con ilusión, vive con esperanza y camina con absoluta certeza. Pero, por lo que más quieras, no negocies tu estadía en el cielo solo porque el infierno se ve más cerca.

Te amo y voy a ti...

Made in the USA
Middletown, DE
25 May 2023